# 中华人民共和国
民法典侵权责任编

大字学习版

（含司法解释）

中国法制出版社
CHINA LEGAL PUBLISHING HOUSE

编辑说明

全民普法是全面依法治国的长期基础性工作。为方便广大读者学习法律法规，中国法治出版社全新编写了"法律法规大字学习版"丛书。在确保法律文本准确的基础上，对法条内容进行了必要的编辑加工，体例新颖，内容翔实，以帮助广大读者学习法律法规，真正让法律走到读者身边、走进读者心里。

本丛书的特点如下：

1. 大字醒目。正文法条内容通过双色印刷、大字号、宽行距等精心设计，版式疏朗，阅读顺畅，致力于为读者带来更佳的阅读体验。

2. 双色标注。对法条以双色、星级及波浪线等形式标注，既能有效消除读者对复杂、烦琐法条的畏难心理，又能帮助读者迅速把握法律法规的脉络。

3. 关联注释。在法条下方标注【相关法条】，方便读者查找翻阅关联内容，举一反三，融会贯通；同时对不易理解的法条，通过【注释】【生活小案例】【典型案例】【小测试】等版块设计，从立法背景、内容要义、实践应用等多维度帮助读者理解，力求帮助读者学懂弄通会用。

4. **实用图表**。立足读者实际需求，以图表形式对所收录的法律法规重点内容进行总结提炼，贴近生活，通俗易懂，帮助读者更加直观地理解核心条款。

5. **电子增补**。为了帮助读者随时掌握法律法规的最新动态，本丛书将适时进行电子增补，请读者登录中国法治出版社网站http：//www.zgfzs.com"出版服务"中的"资源下载"频道或者关注我社官方微信公众号免费下载。

凡 例

简　称	全　称
保险法	中华人民共和国保险法
产品质量法	中华人民共和国产品质量法
道路交通安全法	中华人民共和国道路交通安全法
公路法	中华人民共和国公路法
劳动合同法	中华人民共和国劳动合同法
民法典	中华人民共和国民法典
未成年人保护法	中华人民共和国未成年人保护法
医师法	中华人民共和国医师法
道路交通事故损害赔偿解释	最高人民法院关于审理道路交通事故损害赔偿案件适用法律若干问题的解释
民法典侵权责任编解释（一）	最高人民法院关于适用《中华人民共和国民法典》侵权责任编的解释（一）

续表

简　称	全　称
人身损害赔偿解释	最高人民法院关于审理人身损害赔偿案件适用法律若干问题的解释
生态环境侵权纠纷解释	最高人民法院关于审理生态环境侵权责任纠纷案件适用法律若干问题的解释
信息网络侵害人身权规定	最高人民法院关于审理利用信息网络侵害人身权益民事纠纷案件适用法律若干问题的规定

目　录

中华人民共和国民法典（节录）

第七编　侵权责任

第一章　一般规定 ………………………………… 1
　　第一千一百六十四条　【侵权责任编的调整
　　　　　　　　　　　　范围】………………… 1
　　第一千一百六十五条　【过错责任原则与过
　　　　　　　　　　　　错推定责任】………… 1
　　第一千一百六十六条　【无过错责任】……… 2
　　第一千一百六十七条　【危及他人人身、财
　　　　　　　　　　　　产安全的责任承担
　　　　　　　　　　　　方式】………………… 3
　　第一千一百六十八条　【共同侵权】………… 3

第一千一百六十九条	【教唆侵权、帮助侵权】	4
第一千一百七十条	【共同危险行为】	5
第一千一百七十一条	【分别侵权的连带责任】	6
第一千一百七十二条	【分别侵权的按份责任】	7
第一千一百七十三条	【与有过错】	7
第一千一百七十四条	【受害人故意】	8
第一千一百七十五条	【第三人过错】	8
第一千一百七十六条	【自甘风险】	8
第一千一百七十七条	【自力救济】	11
第一千一百七十八条	【特别规定优先适用】	12

第二章　损害赔偿 …… 14

| 第一千一百七十九条 | 【人身损害赔偿范围】 | 14 |
| 第一千一百八十条 | 【以相同数额确定死亡赔偿金】 | 16 |

第一千一百八十一条	【被侵权人死亡时请求权主体的确定】	16
第一千一百八十二条	【侵害他人人身权益造成财产损失的赔偿计算方式】	16
第一千一百八十三条	【精神损害赔偿】	17
第一千一百八十四条	【财产损失的计算】	20
第一千一百八十五条	【故意侵害知识产权的惩罚性赔偿责任】	20
第一千一百八十六条	【公平分担损失】	21
第一千一百八十七条	【赔偿费用的支付方式】	22

第三章　责任主体的特殊规定 …… 24

第一千一百八十八条	【监护人责任】	24
第一千一百八十九条	【委托监护时监护人的责任】	25
第一千一百九十条	【暂时丧失意识后的侵权责任】	26
第一千一百九十一条	【用人单位责任和劳务派遣单位、劳务用工单位责任】	27

第一千一百九十二条	【个人劳务关系中的侵权责任】………… 28
第一千一百九十三条	【承揽关系中的侵权责任】………… 30
第一千一百九十四条	【网络侵权责任】………… 31
第一千一百九十五条	【"通知与取下"制度】………… 32
第一千一百九十六条	【"反通知"制度】………… 34
第一千一百九十七条	【网络服务提供者与网络用户的连带责任】………… 35
第一千一百九十八条	【违反安全保障义务的侵权责任】………… 36
第一千一百九十九条	【教育机构对无民事行为能力人受到人身损害的过错推定责任】………… 40
第一千二百条	【教育机构对限制民事行为能力人受到人身损害的过错责任】………… 40

第一千二百零一条　　【受到校外人员人身损
　　　　　　　　　　　　　害时的责任分担】……44

第四章　产品责任 …………………………………47
　　第一千二百零二条　　【产品生产者侵权
　　　　　　　　　　　　　责任】………………47
　　第一千二百零三条　　【被侵权人请求损害
　　　　　　　　　　　　　赔偿的途径和先行
　　　　　　　　　　　　　赔偿人追偿权】……48
　　第一千二百零四条　　【生产者、销售者的
　　　　　　　　　　　　　第三人追偿权】……49
　　第一千二百零五条　　【产品缺陷危及他人
　　　　　　　　　　　　　人身、财产安全的
　　　　　　　　　　　　　侵权责任】…………50
　　第一千二百零六条　　【生产者、销售者的
　　　　　　　　　　　　　补救措施及费用
　　　　　　　　　　　　　承担】………………50
　　第一千二百零七条　　【产品责任中的惩罚性
　　　　　　　　　　　　　赔偿】………………51

第五章　机动车交通事故责任 ……………………53
　　第一千二百零八条　　【机动车交通事故责任
　　　　　　　　　　　　　的法律适用】………53

第一千二百零九条 【租赁、借用机动车交通事故责任】…… 54

第一千二百一十条 【转让并交付但未办理登记的机动车侵权责任】…… 55

第一千二百一十一条 【挂靠机动车交通事故责任】…… 55

第一千二百一十二条 【擅自驾驶他人机动车交通事故责任】…… 56

第一千二百一十三条 【交通事故侵权救济来源的支付顺序】…… 57

第一千二百一十四条 【拼装车、报废车交通事故责任】…… 58

第一千二百一十五条 【盗抢机动车交通事故责任】…… 59

第一千二百一十六条 【驾驶人逃逸责任承担规则】…… 60

第一千二百一十七条 【好意同乘规则】…… 62

第六章 医疗损害责任 …… 67

第一千二百一十八条 【医疗损害责任归责原则】…… 67

第一千二百一十九条 【医疗机构说明义务与患者知情同意权】…… 69

第一千二百二十条 【紧急情况下实施的医疗措施】…… 69

第一千二百二十一条 【医务人员过错的医疗机构赔偿责任】…… 70

第一千二百二十二条 【医疗机构过错推定的情形】…… 70

第一千二百二十三条 【因药品、消毒产品、医疗器械的缺陷或输入不合格的血液的侵权责任】…… 71

第一千二百二十四条 【医疗机构免责事由】…… 71

第一千二百二十五条 【医疗机构对病历的义务及患者对病历的权利】…… 73

第一千二百二十六条 【患者隐私和个人信息保护】…… 73

第一千二百二十七条 【不必要检查禁止义务】…… 74

第一千二百二十八条 【医疗机构及医务人员合法权益的维护】 ········· 75

第七章 环境污染和生态破坏责任 ········· 78

第一千二百二十九条 【环境污染和生态破坏侵权责任】 ········· 78

第一千二百三十条 【环境污染、生态破坏侵权举证责任】 ········· 79

第一千二百三十一条 【两个以上侵权人造成损害的责任分担】 ········· 79

第一千二百三十二条 【侵权人的惩罚性赔偿】 ········· 80

第一千二百三十三条 【因第三人过错污染环境、破坏生态的责任】 ········· 82

第一千二百三十四条 【生态环境损害修复责任】 ········· 82

第一千二百三十五条 【生态环境损害赔偿的范围】 ········· 85

第八章　高度危险责任 ································· 91

　　第一千二百三十六条　【高度危险责任一般规定】 ················ 91

　　第一千二百三十七条　【民用核设施致害责任】 ················ 91

　　第一千二百三十八条　【民用航空器致害责任】 ················ 91

　　第一千二百三十九条　【高度危险物致害责任】 ················ 92

　　第一千二百四十条　【高度危险活动致害责任】 ················ 92

　　第一千二百四十一条　【遗失、抛弃高度危险物致害的侵权责任】 ········ 93

　　第一千二百四十二条　【非法占有高度危险物致害的侵权责任】 ········ 93

　　第一千二百四十三条　【未经许可进入高度危险作业区域的致害责任】 ····· 94

　　第一千二百四十四条　【高度危险责任赔偿限额】 ················ 94

第九章　饲养动物损害责任 ·············· 96

　　第一千二百四十五条　【饲养动物损害责任
　　　　　　　　　　　　　一般规定】·········· 96

　　第一千二百四十六条　【未对动物采取安全
　　　　　　　　　　　　　措施损害责任】····· 96

　　第一千二百四十七条　【禁止饲养的危险
　　　　　　　　　　　　　动物损害责任】····· 97

　　第一千二百四十八条　【动物园饲养动物
　　　　　　　　　　　　　损害责任】·········· 97

　　第一千二百四十九条　【遗弃、逃逸动物
　　　　　　　　　　　　　损害责任】·········· 97

　　第一千二百五十条　　【因第三人过错致使
　　　　　　　　　　　　　动物致害责任】····· 97

　　第一千二百五十一条　【饲养动物应负的
　　　　　　　　　　　　　社会责任】·········· 98

第十章　建筑物和物件损害责任 ············ 100

　　第一千二百五十二条　【建筑物、构筑物或
　　　　　　　　　　　　　者其他设施倒塌、
　　　　　　　　　　　　　塌陷致害责任】···· 100

第一千二百五十三条 【建筑物、构筑物或者其他设施及其搁置物、悬挂物脱落、坠落致害责任】…… 101

第一千二百五十四条 【高空抛掷物、坠落物致害责任】…… 102

第一千二百五十五条 【堆放物致害责任】… 105

第一千二百五十六条 【在公共道路上妨碍通行物品的致害责任】…… 106

第一千二百五十七条 【林木致害的责任】… 107

第一千二百五十八条 【公共场所或道路施工致害责任和窨井等地下设施致害责任】………… 108

附 则

第一千二百五十九条 【法律术语含义】…… 110
第一千二百六十条 【施行日期】………… 110

附录一　相关规定 …………………………… 111

最高人民法院关于适用《中华人民共和国民法典》
　侵权责任编的解释（一） …………………… 111

附录二　实用图表 …………………………… 121

人身损害赔偿计算公式 ……………………… 121

中华人民共和国民法典（节录）

（2020年5月28日第十三届全国人民代表大会第三次会议通过　2020年5月28日中华人民共和国主席令第45号公布　自2021年1月1日起施行）

第七编　侵权责任

第一章　一般规定

第一千一百六十四条　【侵权责任编的调整范围】① 本编调整因侵害民事权益产生的民事关系。

★ **第一千一百六十五条**　【过错责任原则与过错推定责任】行为人因过错侵害他人民事权益造成损害的，应当承担侵权责任。

依照法律规定推定行为人有过错，其不能证明自

---

① 本书条文主旨为编者所加，为方便读者检索使用，仅供参考，下同。

己没有过错的,应当承担侵权责任。

> **注 释**
>
> 本条第 1 款是关于过错责任原则的规定。过错责任,是指造成损害并不必然承担赔偿责任,必须要看行为人是否有过错,有过错有责任,无过错无责任。
>
> 本条第 2 款是关于过错推定责任原则的规定。过错推定,是指根据法律规定推定行为人有过错,行为人不能证明自己没有过错的,应当承担侵权责任。

☞ **相关法条**
《民法典》第 3 条
《人身损害赔偿解释》第 1 条

★ **第一千一百六十六条** 【无过错责任】行为人造成他人民事权益损害,不论行为人有无过错,法律规定应当承担侵权责任的,依照其规定。

> **注 释**
>
> 本条是关于无过错责任的规定。无过错责任,是指不以行为人的过错为要件,只要其活动或者所管理的人或者物损害了他人的民事权益,除非有法定的免责事由,否则,行为人就要承担侵权责任。适用无过错责任原则的意义在于加重行为人的责任,及时救济受害人,使其损害赔偿请求权更容易实现。

适用无过错责任原则的侵权责任构成要件是：(1) 违法行为；(2) 损害事实；(3) 因果关系。行为人如果能够证明损害是受害人自己故意造成的，则免除侵权责任。

☞ **相关法条**

《保险法》第 65 条

《道路交通安全法》第 76 条

★ **第一千一百六十七条　【危及他人人身、财产安全的责任承担方式】** 侵权行为危及他人人身、财产安全的，被侵权人有权请求侵权人承担停止侵害、排除妨碍、消除危险等侵权责任。

注　释

正确适用本条，需要理解本条规定的"危及"：第一，侵权行为正在实施和持续，而非已经结束。第二，侵权行为已经危及被侵权人的人身、财产安全，而非不可能危及。第三，侵权行为系侵权人所为，而非自然原因造成，在危及他人人身、财产安全的侵权行为正在发生的情况下，赋予被侵权人请求侵权人承担停止侵害、排除妨碍、消除危险等责任的权利。

★★ **第一千一百六十八条　【共同侵权】** 二人以上共同实施侵权行为，造成他人损害的，应当承担连带责任。

注释

共同侵权，是指数人共同不法侵害他人权益造成损害的行为。构成共同侵权行为需要满足以下四个要件：一是共同侵权行为的主体必须是二人或者二人以上。行为人可以是自然人，也可以是法人。二是共同实施侵权行为。这一要件中的"共同"主要包括三层含义：共同故意、共同过失、故意行为与过失行为相结合。三是侵权行为与损害后果之间具有因果关系。四是受害人具有损害。根据本条规定，一旦满足上述构成要件，成立共同侵权行为，那么，数个行为人就必须对外承担连带责任，被侵权人有权请求部分或者全部行为人承担全部责任。

★ **第一千一百六十九条** 【教唆侵权、帮助侵权】教唆、帮助他人实施侵权行为的，应当与行为人承担连带责任。

教唆、帮助无民事行为能力人、限制民事行为能力人实施侵权行为的，应当承担侵权责任；该无民事行为能力人、限制民事行为能力人的监护人未尽到监护职责的，应当承担相应的责任。

注释

本条第1款中的"他人"，是指完全民事行为能力人。教唆、帮助完全民事行为能力人实施侵权行为需要满足以下三个构成要件：(1) 教唆人、帮助人实施了教唆、帮助行为。(2) 教唆人、帮助人具有教唆、帮助的主观意图。(3) 被教唆人、被帮助人实施了相应的侵权行为。

一般认为，教唆行为与帮助行为的区别在于：教唆行为的特点是教唆人本人不亲自实施侵权行为，而是唆使他人产生侵权意图并实施侵权行为或危险行为；而帮助行为可能并不对加害行为起决定性作用，只是对加害行为起促进作用。

教唆、帮助无民事行为能力人、限制民事行为能力人实施侵权行为，教唆人、帮助人以其不知道且不应当知道行为人为无民事行为能力人、限制民事行为能力人为由，主张不承担侵权责任或者与行为人的监护人承担连带责任的，人民法院不予支持。

相关法条

《民法典侵权责任编解释（一）》第11~13条

第一千一百七十条　【共同危险行为】 二人以上实施危及他人人身、财产安全的行为，其中一人或者数人的行为造成他人损害，能够确定具体侵权人的，由侵权人承担责任；不能确定具体侵权人的，行为人承担连带责任。

> **注　释**
>
> 　　本条是关于共同危险行为的规定。构成共同危险行为应当满足下列三个要件：一是二人以上实施危及他人人身、财产安全的行为，行为主体是复数。二是其中一人或者数人的行为造成他人损害。虽然实施危及他人人身、财产安全行为的是数人，但真正导致受害人损害后果发生的只是其中一人或者几人的行为。三是不能确定具体侵权人。

★★第一千一百七十一条　【分别侵权的连带责任】

二人以上分别实施侵权行为造成同一损害，每个人的侵权行为都足以造成全部损害的，行为人承担连带责任。

> **注　释**
>
> 　　本条是关于分别侵权的连带责任的规定。其中，"分别"，是指实施侵权行为的数个行为人之间不具有主观上的关联性，各个侵权行为都是相互独立的。每个行为人在实施侵权行为之前以及实施侵权行为过程中，没有与其他行为人有意思联络，也没有认识到还有其他人也在实施类似的侵权行为。如果行为人主观具有关联性，存在共同故意或者共同过失，则应当适用《民法典》第1168条的规定，而不能适用本条。"同一损害"，是指数个侵权行为所造成的损害的性质是相同的，

都是身体伤害或者财产损失,并且损害内容具有关联性。本条中的"足以"并不是指每个侵权行为都实际上造成了全部损害,而是指即便没有其他侵权行为的共同作用,独立的单个侵权行为也有可能造成全部损害。

第一千一百七十二条 【分别侵权的按份责任】

二人以上分别实施侵权行为造成同一损害,能够确定责任大小的,各自承担相应的责任;难以确定责任大小的,平均承担责任。

☞ **相关法条**

《民法典》第177条、第178条

★ **第一千一百七十三条** 【与有过错】被侵权人对同一损害的发生或者扩大有过错的,可以减轻侵权人的责任。

注 释

本条是关于与有过错的规定。被侵权人自身对于损害后果的发生也存在过错的,侵权行为人有权据此主张减轻其责任,这种抗辩被称为与有过错,也称过失相抵。过失相抵的法律后果仅得以减轻侵权人的责任,而不能免除其责任。

根据过失相抵的比较结果,承担责任的后果是:(1)过失程度和原因力相同者,承担同等责任(50%)。(2)侵权人的过失程度和行为原因力大于被侵权人的，侵权人承担主要责任（超过50%）。(3) 侵权人的过失程度和行为原因力小于被侵权人的，承担次要责任（不满50%）。

☞ **相关法条**

《道路交通安全法》第76条第1款

★★ **第一千一百七十四条** 【受害人故意】损害是因受害人故意造成的，行为人不承担责任。

注 释

"受害人故意"可以分为直接故意和间接故意。直接故意，是指受害人从主观上追求损害自己的结果发生；间接故意，是指受害人已经预见到自己的行为可能发生损害自己的结果，但也不停止该行为，而是放任损害结果的发生。

第一千一百七十五条 【第三人过错】损害是因第三人造成的，第三人应当承担侵权责任。

★★ **第一千一百七十六条** 【自甘风险】自愿参加具有一定风险的文体活动，因其他参加者的行为受到损害的，受害人不得请求其他参加者承担侵权责任；但是，其他参加者对损害的发生有故意或者重大过失的除外。

活动组织者的责任适用本法第一千一百九十八条

至第一千二百零一条的规定。

> **注释**
>
> 本条是关于自甘风险的规定。自甘风险，又称自愿承受危险，是指受害人自愿承担可能性的损害而将自己置于危险环境或场合下，造成损害行为人不承担责任。其构成要件是：第一，受害人作出了自愿承受危险的意思表示，通常是将自己置于可能性的危险状况之下。第二，这种潜在的危险不是法律、法规所禁止的，也不是社会公序良俗所反对的，且此种危险通常是被社会所认可存在或者难以避免的。例如，因参加拳击比赛而自愿承受可能受到的人身伤害的危险。
>
> 《民法典》侵权责任编本着谨慎的精神，仅规定了"自愿参加具有一定风险的文体活动"中才能适用自甘风险制度。"具有一定风险"，应当理解为风险性较高、对自身条件有一定要求、对抗性较强等的文体活动。

> **典型案例**
>
> **宋某祯诉周某身体权纠纷案**[①]
>
> 宋某祯、周某均为羽毛球业余爱好者，自 2015 年起自发

[①] 参见《人民法院贯彻实施民法典典型案例（第一批）》（2022 年 2 月 25 日发布），载最高人民法院网 https：//www.court.gov.cn/gixun/xiangqing/347181.html，最后访问时间：2024 年 9 月 26 日。

参加羽毛球比赛。2020年4月28日上午，宋某祯、周某与案外4人在北京市朝阳区某公园内露天场地进行羽毛球3对3比赛。运动中，宋某祯站在发球线位置接对方网前球后，将球回挑到周某方中场，周某迅速杀球进攻，宋某祯直立举拍防守未果，被羽毛球击中右眼。事发后，宋某祯至北京大学人民医院就诊治疗，术后5周余验光提示右眼最佳矫正视力为0.05。宋某祯遂诉至法院，要求周某赔偿医疗费、护理费、住院伙食补助费、营养费等各项费用。

生效裁判认为，竞技体育运动不同于一般的生活领域，主要目的即为争胜，此类运动具有对抗性、人身危险性的特点，参与者均处于潜在危险中，既是危险的潜在制造者，也是危险的潜在承担者。羽毛球运动系典型的对抗性体育竞赛，除扭伤、拉伤等常规风险外，更为突出的风险即在于羽毛球自身体积小、密度大、移动速度快，运动员如未及时作出判断即会被击中，甚至击伤。宋某祯作为多年参与羽毛球运动的爱好者，对于自身和其他参赛者的能力以及此项运动的危险和可能造成的损害，应当有所认知和预见，而宋某祯仍自愿参加比赛，将自身置于潜在危险之中，属于自甘冒险的行为。依照《民法典》第1176条第1款，在此情形下，只有周某对宋某祯受伤的损害后果存在故意或重大过失时，才需承担侵权损害赔偿责任。本案中，周某杀球进攻的行为系该类运动的正常技术动作，周某并不存在明显违反比赛规则的情形，不应认定其存在重大过失，且现行法律未就本案所涉情形适用公平责任予以规定，故宋某祯无权主张周某承担赔偿责任或分担损失。2021年1月4日，一审法院判决驳回宋某祯的全部诉讼请求。二审法院判决驳回上诉，维持原判。

本案是《民法典》施行后，首例适用《民法典》第1176条"自甘冒险"规定作出判决的案件。《民法典》施行前，由于法律规定不明确，人民法院在处理文体活动中身体受伤引发的民事纠纷时，容易出现认识分歧，进而引发争议。《民法典》确立"自甘冒险"规则，既统一了思想认识，也统一了裁判尺度。本案审理法院结合具体案情，适用"自甘冒险"规则，明确判决对损害发生无故意、无重大过失的文体活动参加者，不承担赔偿责任，亮明了拒绝"和稀泥"的司法态度，宣示了冒险者须对自己行为负责的规则，不仅弘扬了社会主义核心价值观，促进了文体活动的健康有序发展，也为《民法典》新规则的实施提供了有益的司法经验。

★ **第一千一百七十七条** 【自力救济】合法权益受到侵害，情况紧迫且不能及时获得国家机关保护，不立即采取措施将使其合法权益受到难以弥补的损害的，受害人可以在保护自己合法权益的必要范围内采取扣留侵权人的财物等合理措施；但是，应当立即请求有关国家机关处理。

受害人采取的措施不当造成他人损害的，应当承担侵权责任。

> **注 释**
>
> 本条是关于自力救济的规定。自力救济的要件是：(1) 行为人的合法权益受到侵害；(2) 情况紧迫且不能及时获得国家机关保护；(3) 不立即采取措施将使其权益受到难以弥补的损害；(4) 在保护自己合法权益的必要范围内对侵权人实施扣留财产或者限制人身自由的行为。行为人实施了自力救济，在权益得到保障后，即应解除相应的措施；如果仍需继续采取上述措施，应当立即请求有关国家机关依法处理。

第一千一百七十八条　【特别规定优先适用】本法和其他法律对不承担责任或者减轻责任的情形另有规定的，依照其规定。

▶▶▶小测试◀◀◀ *①

1. 依照法律规定推定行为人有过错，其不能证明自己没有过错的，应当承担侵权责任。（　　）

＊本书小测试依次设置判断、选择、填空三种题型。

① 【答案】1. √。2. ×，解析：《民法典》第1168条。3. C。4. D。5. AD。6. 必要范围；应当。

2. 二人以上共同实施侵权行为，造成他人损害的，应当承担按份责任。（　　）
3. 二人以上实施危及他人人身、财产安全的行为，其中一人或者数人的行为造成他人损害，能够确定具体侵权人的，由侵权人承担责任；不能确定具体侵权人的，行为人承担（　　）责任。

    A. 相应　　　　　B. 按份

    C. 连带　　　　　D. 惩罚性赔偿

4. 被侵权人对同一损害的发生或者扩大有过错的，（　　）侵权人的责任。

    A. 应当免除　　　B. 可以免除

    C. 应当减轻　　　D. 可以减轻

5. 自愿参加具有一定风险的文体活动，因其他参加者的行为受到损害的，受害人不得请求其他参加者承担侵权责任；但是，其他参加者对损害的发生有（　　）的除外。

    A. 故意　　　　　B. 过错

    C. 过失　　　　　D. 重大过失

6. 合法权益受到侵害，情况紧迫且不能及时获得国家机关保护，不立即采取措施将使其合法权益受到难以弥补的损害的，受害人可以在保护自己合法权益的_____内采取扣留侵权人的财物等合理措施；但是，应当立即请求有关国家机关处理。受害人采取的措施不当造成他人损害的，_____承担侵权责任。

第二章 损害赔偿

★★ **第一千一百七十九条 【人身损害赔偿范围】**侵害他人造成人身损害的,应当赔偿医疗费、护理费、交通费、营养费、住院伙食补助费等为治疗和康复支出的合理费用,以及因误工减少的收入。造成残疾的,还应当赔偿辅助器具费和残疾赔偿金;造成死亡的,还应当赔偿丧葬费和死亡赔偿金。

注 释

本条是关于人身损害赔偿范围的规定。人身损害是侵害生命权、身体权、健康权造成的损害,分为一般伤害、造成残疾和造成死亡三种类型的损害。

(1) 侵权行为造成他人人身的一般伤害,应当赔偿医疗费、护理费、交通费、营养费、误工费、住院伙食补助费等为治疗和康复支出的合理费用以及因误工减少的收入。医疗费是治疗人身伤害的治疗费、医药费、检查费等费用;护理费是对受到伤害的受害人进行护理的费用;交通费是对受害人就医、转院等治疗的本人及护理人员的交通费;营养费是对受到伤害的人在治疗和康复期间需要补充营养的费用;误工费是因伤残等耽误工作所减少的收入。对于其他因治疗和康复支出的合理费用，也在赔偿范围之内。

（2）对受害人因伤害造成残疾的，除赔偿上述费用外，还应当赔偿辅助器具费和残疾赔偿金。根据《人身损害赔偿解释》第12条、第13条的规定，残疾赔偿金根据受害人丧失劳动能力程度或者伤残等级，按照受诉法院所在地上一年度城镇居民人均可支配收入标准，自定残之日起按20年计算。但60周岁以上的，年龄每增加一岁减少一年；75周岁以上的，按5年计算。受害人因伤致残但实际收入没有减少，或者伤残等级较轻但造成职业妨害严重影响其劳动就业的，可以对残疾赔偿金作相应调整。残疾辅助器具费按照普通适用器具的合理费用标准计算。伤情有特殊需要的，可以参照辅助器具配制机构的意见确定相应的合理费用标准。辅助器具的更换周期和赔偿期限参照配制机构的意见确定。

（3）受害人因伤害造成死亡的，还应当赔偿丧葬费和死亡赔偿金。根据《人身损害赔偿解释》第14条、第15条的规定，丧葬费按照受诉法院所在地上一年度职工月平均工资标准，以6个月总额计算。对死亡赔偿金也是采取一次性赔偿20年的固定标准计算。死亡赔偿金按照受诉法院所在地上一年度城镇居民人均可支配收入标准，按20年计算。但60周岁以上的，年龄每增加1岁减少1年；75周岁以上的，按5年计算。

☞ **相关法条**

《人身损害赔偿解释》第 6~20 条

★ **第一千一百八十条　【以相同数额确定死亡赔偿金】** 因同一侵权行为造成多人死亡的，可以以相同数额确定死亡赔偿金。

注释

以相同数额确定死亡赔偿金的，原则上不考虑受害人的年龄、收入状况等个人因素。

第一千一百八十一条　【被侵权人死亡时请求权主体的确定】 被侵权人死亡的，其近亲属有权请求侵权人承担侵权责任。被侵权人为组织，该组织分立、合并的，承继权利的组织有权请求侵权人承担侵权责任。

被侵权人死亡的，支付被侵权人医疗费、丧葬费等合理费用的人有权请求侵权人赔偿费用，但是侵权人已经支付该费用的除外。

★★ **第一千一百八十二条　【侵害他人人身权益造成财产损失的赔偿计算方式】** 侵害他人人身权益造成财产损失的，按照被侵权人因此受到的损失或者侵权人因此获得的利益赔偿；被侵权人因此受到的损失以及侵权人因此获得的利益难以确定，被侵权人和侵权人就赔偿数额协商不一致，向人民法院提起诉讼的，由人民法院根据实际情况确定赔偿数额。

> 注　释
>
> 被侵权人为制止侵权行为所支付的合理开支，可以认定为本条规定的"财产损失"。合理开支包括被侵权人或者委托代理人对侵权行为进行调查、取证的合理费用。人民法院根据当事人的请求和具体案情，可以将符合国家有关部门规定的律师费用计算在赔偿范围内。
>
> 被侵权人因人身权益受侵害造成的财产损失以及侵权人因此获得的利益难以确定的，人民法院可以根据具体案情在50万元以下的范围内确定赔偿数额。

☞ **相关法条**

《信息网络侵害人身权规定》第 12 条

★ **第一千一百八十三条**　【精神损害赔偿】侵害自然人人身权益造成严重精神损害的，被侵权人有权请求精神损害赔偿。

因故意或者重大过失侵害自然人具有人身意义的特定物造成严重精神损害的，被侵权人有权请求精神损害赔偿。

注释

本条是关于精神损害赔偿的规定。侵害自然人人身权益造成严重精神损害的,被侵权人有权请求精神损害赔偿。第一,精神损害赔偿的范围是人身权益,侵害财产权益不在精神损害赔偿的范围之内。第二,需要造成严重精神损害。并非只要人身权益被侵害,被侵权人就可以获得精神损害赔偿,偶尔的痛苦和不高兴不能认为是严重精神损害。之所以强调严重的精神损害,是为了防止精神损害赔偿被滥用。对"严重"的解释,应当采容忍限度理论,即超出了社会一般人的容忍限度,就认为是"严重"。第三,被侵权人有权请求精神损害赔偿。一般来说,请求精神损害赔偿的主体应当是直接遭受人身权侵害的本人。

根据《民法典侵权责任编解释(一)》第2条的规定:"非法使被监护人脱离监护,导致父母子女关系或者其他近亲属关系受到严重损害的,应当认定为民法典第一千一百八十三条第一款规定的严重精神损害。"审判实践中,可综合脱离监护的时间、使近亲属出现精神疾患等因素作出认定。此条规定中的父母子女关系,不仅包括亲子关系,还包括形成抚养教育关系的继父母子女关系和养父母子女关系。

本条第2款规定的"具有人身意义的特定物"的范围,在实践中主要涉及的物品类型为:(1)与近亲属死者相关的特定纪念物品(如遗像、墓碑、骨灰盒、遗物等);(2)与结婚礼仪相关的特定纪念物品(如录像、照片等);(3)与家族祖先相关的特定纪念物品（如祖坟、族谱、祠堂等）。这些物品对被侵权人具有人身意义。

> **典型案例**
>
> **王某与吴某等机动车交通事故责任纠纷案**①
>
> 2021年1月18日，吴某驾车与王某（孕妇）、田某所驾驶车辆发生三车相撞，造成王某受伤及车辆损坏的交通事故。公安交管部门出具事故认定书认定，吴某负事故全部责任，王某、田某无责任。事故发生后，王某被送至医院就医，诊断为"先兆流产"，并进行了人流手术。后王某将吴某、田某及二人车辆投保的保险公司诉至天津市红桥区人民法院，要求赔偿其因交通事故产生的各项损失，其中包括精神损害抚慰金5万元。
>
> 天津市红桥区人民法院经审理认为，公民合法的民事权益应受法律保护。王某因交通事故导致流产，不仅遭受了身体上的损害，也承受了精神上的痛苦，故对其主张的精神损害抚慰金应予适当支持。在判决支持王某其他各项合理损失的基础上，人民法院结合王某孕期、各方责任等因素，判决支

---

① 参见《天津高院发布保护妇女合法权益典型案例》（2022年3月8日发布），载天津法院网 https：//tjfy.tjcourt.gov.cn/article/detail/2022/03/id/6563114.shtml，最后访问时间：2024年9月26日。

持其精神损害抚慰金1万元，并由为吴某和田某车辆承保的两家保险公司分别在交强险责任限额和交强险无责赔偿限额内予以赔偿。一审宣判后，吴某车辆投保的保险公司不服提起上诉，天津市第一中级人民法院依法判决驳回上诉，维持原判。

本案是人民法院依法保障因交通事故流产妇女获得精神损害赔偿的典型案例。《民法典》第1183条第1款规定，侵害自然人人身权益造成严重精神损害的，被侵权人有权请求精神损害赔偿。本案中，事故不仅造成王某身体上的损伤，同时也导致其终止妊娠，使其精神遭受损害。人民法院对王某主张的精神损害抚慰金酌情予以支持，充分体现了对妇女群体特殊权益的特殊保护，对类似案件审理具有积极示范意义。

☞ **相关法条**

《民法典侵权责任编解释（一）》第2条

《最高人民法院关于确定民事侵权精神损害赔偿责任若干问题的解释》第1~5条

第一千一百八十四条 【财产损失的计算】侵害他人财产的，财产损失按照损失发生时的市场价格或者其他合理方式计算。

★★ **第一千一百八十五条 【故意侵害知识产权的惩罚性赔偿责任】**故意侵害他人知识产权，情节严重的，被侵权人有权请求相应的惩罚性赔偿。

注 释

　　知识产权属于智力成果，具有无形性，被侵害后很难确定实际损失。而且知识产权一旦遭受侵害，将难以恢复原状，因此有必要通过惩罚性赔偿救济受害人，并惩罚侵权人。为了切实加强对知识产权的保护，显著提高知识产权侵权的违法成本，充分发挥法律的威慑作用，《民法典》规定了侵犯知识产权的惩罚性赔偿制度。这有利于激励当事人通过许可使用的方式行使知识产权，鼓励创新；也有助于强化企业对知识产权保护的信心，大大提升我国的创新环境和营造良好的营商环境。

　　侵害知识产权惩罚性赔偿责任的构成要件是：（1）故意侵害知识产权，过失侵害知识产权不适用惩罚性赔偿责任；（2）侵害知识产权的情节严重，而不是一般情节。符合这两个要件要求的，被侵权人有权请求相应的惩罚性赔偿。

☞ 相关法条

　　《最高人民法院关于审理侵害知识产权民事案件适用惩罚性赔偿的解释》第16条

★★ 第一千一百八十六条 【公平分担损失】受害人和行为人对损害的发生都没有过错的，依照法律的规定由双方分担损失。

> **注释**
>
> 本条是关于公平分担损失的规定。公平分担适用于行为人和受害人对损害的发生均无过错的情况。如果损害由受害人的过错造成，应当由其自己负责；如果损害由行为人或者第三人的过错造成，应当由行为人或者第三人负责；如果行为人和受害人对损害的发生都有过错，应当根据他们的过错程度和原因力分配责任。也就是说，只要有过错责任人，都不适用本条规定。确定损失分担，应当考虑行为的手段、情节、损失大小、影响程度、双方当事人的经济状况等实际情况，达到公平合理、及时化解矛盾、妥善解决纠纷、促进社会和谐的目的。

第一千一百八十七条　【赔偿费用的支付方式】

损害发生后，当事人可以协商赔偿费用的支付方式。协商不一致的，赔偿费用应当一次性支付；一次性支付确有困难的，可以分期支付，但是被侵权人有权请求提供相应的担保。

▶▶小测试◀◀ ①

1. 因同一侵权行为造成多人死亡的，必须以相同数额确定死亡

---

① 【答案】1. ×，解析：《民法典》第1180条。2. √。3. C。4. AC。5. 损失发生时。6. 分期。

赔偿金。（　　）

2. 侵害他人造成人身损害的，应当赔偿医疗费、护理费、交通费、营养费、住院伙食补助费等为治疗和康复支出的合理费用，以及因误工减少的收入。造成残疾的，还应当赔偿辅助器具费和残疾赔偿金；造成死亡的，还应当赔偿丧葬费和死亡赔偿金。（　　）

3. 被侵权人死亡的，其（　　）有权请求侵权人承担侵权责任。被侵权人为组织，该组织分立、合并的，（　　）有权请求侵权人承担侵权责任。

   A. 配偶；承继权利的组织
   B. 子女；承继义务的组织
   C. 近亲属；承继权利的组织
   D. 近亲属；承继义务的组织

4. 因（　　）侵害自然人具有人身意义的特定物造成严重精神损害的，被侵权人有权请求精神损害赔偿。

   A. 故意　　　　　　B. 过失
   C. 重大过失　　　　D. 过错

5. 侵害他人财产的，财产损失按照＿＿＿＿的市场价格或者其他合理方式计算。

6. 损害发生后，当事人可以协商赔偿费用的支付方式。协商不一致的，赔偿费用应当一次性支付；一次性支付确有困难的，可以＿＿＿＿支付，但是被侵权人有权请求提供相应的担保。

第三章　责任主体的特殊规定

★★ **第一千一百八十八条　【监护人责任】**无民事行为能力人、限制民事行为能力人造成他人损害的,由监护人承担侵权责任。监护人尽到监护职责的,可以减轻其侵权责任。

有财产的无民事行为能力人、限制民事行为能力人造成他人损害的,从本人财产中支付赔偿费用;不足部分,由监护人赔偿。

注　释

针对学理与实务中关于本条规定的监护人责任是补充责任还是全部赔偿责任的争议,《民法典侵权责任编解释（一）》明确规定,被监护人侵权,由监护人承担侵权人应承担的全部赔偿责任。被监护人无论是无民事行为能力人,还是限制民事行为能力人,均不得因其本人有财产而承担侵权责任。这一规定,彰显了保障未成年人合法权益和轻装前行的司法理念。

在非近亲属担任监护人且被监护人本人有财产的情况下,完全由监护人担责可能导致非近亲属不愿担任监护人,这不利于未成年人的成长。为解决上述问题,从公平角度考量,依照本条第2款"有财产的无民事行为能力人、限制民事行为能力人造成他人损害的,从本人财产中支付赔偿费用;不足部分,由监护人赔偿"的规定,《民法典侵权责任编解释(一)》第5条规定,人民法院在判令监护人担责的同时,应当在判决中明确"赔偿费用可以先从被监护人财产中支付,不足部分由监护人支付"。

同时,为保证被监护人健康成长,《民法典侵权责任编解释(一)》对从被监护人的财产中支付赔偿费用作出限定,规定"应当保留被监护人所必需的生活费和完成义务教育所必需的费用"。

☞ **相关法条**

《民法典》第34条、第35条

《民法典侵权责任编解释(一)》第4~9条

★ **第一千一百八十九条** 【委托监护时监护人的责任】无民事行为能力人、限制民事行为能力人造成他人损害,监护人将监护职责委托给他人的,监护人应当承担侵权责任;受托人有过错的,承担相应的责任。

> 注释

委托监护，是指监护人委托他人代行监护的职责，是一种双方的民事法律行为，是被监护人的监护人与受托人之间关于受托人为委托人履行监护职责、处理监护事务的协议，须有监护人委托与受委托人接受委托的意思表示一致才能成立。

无民事行为能力人、限制民事行为能力人造成他人损害，被侵权人合并请求监护人和受托履行监护职责的人承担侵权责任的，依照本条的规定，监护人承担侵权人应承担的全部责任；受托人在过错范围内与监护人共同承担责任，但责任主体实际支付的赔偿费用总和不应超出被侵权人应受偿的损失数额。监护人承担责任后向受托人追偿的，人民法院可以参照《民法典》第929条的规定处理。仅有一般过失的无偿受托人承担责任后向监护人追偿的，人民法院应予支持。

☞ **相关法条**

《民法典侵权责任编解释（一）》第10条

★ **第一千一百九十条** 【暂时丧失意识后的侵权责任】完全民事行为能力人对自己的行为暂时没有意识或者失去控制造成他人损害有过错的，应当承担侵权责任；没有过错的，根据行为人的经济状况对受害人适当补偿。

完全民事行为能力人因醉酒、滥用麻醉药品或者精神药品对自己的行为暂时没有意识或者失去控制造成他人损害的，应当承担侵权责任。

注释

本条第1款中的"过错"，是指"过错"导致其丧失意识，因为失去意识之后确实没有过错可言。完全民事行为能力人是由于其过错导致意识丧失，那么对于丧失意识后的行为造成他人损害的，则要承担相应的侵权责任。本条第2款规定的"醉酒、滥用麻醉药品或者精神药品对自己的行为暂时没有意识或者失去控制造成他人损害"，其实也属于本条第1款"有过错"的情形。

☞ 相关法条

《道路交通安全法》第91条

★ 第一千一百九十一条 【用人单位责任和劳务派遣单位、劳务用工单位责任】用人单位的工作人员因执行工作任务造成他人损害的，由用人单位承担侵权责任。用人单位承担侵权责任后，可以向有故意或者重大过失的工作人员追偿。

劳务派遣期间，被派遣的工作人员因执行工作任务造成他人损害的，由接受劳务派遣的用工单位承担侵权责任；劳务派遣单位有过错的，承担相应的责任。

> **注　释**
>
> 本条中的"用人单位",既包括企业、事业单位、国家机关、社会团体等,也包括个体经济组织等。本条中的"工作人员",既包括用人单位的正式员工,也应当包括临时在单位工作的员工。
>
> 本条第2款规定的"劳务派遣",是指劳动派遣单位与员工签订劳务派遣合同后,将工作人员派遣到用工单位工作。劳务派遣的主要特点就是员工的雇佣和使用分离。在劳务派遣期间,被派遣的工作人员是为接受劳务派遣的用工单位工作,接受用工单位的指示和管理,同时由于用工单位为被派遣的工作人员提供相应的劳动条件和劳动保护,所以,被派遣的工作人员因工作造成他人损害的,其责任应当由用工单位承担。劳务派遣单位在派遣工作人员方面存在过错,应当承担相应的责任。

☞ **相关法条**

《劳动合同法》第58条、第59条

《民法典侵权责任编解释（一）》第15～17条

★★ **第一千一百九十二条　【个人劳务关系中的侵权责任】** 个人之间形成劳务关系,提供劳务一方因劳务造成他人损害的,由接受劳务一方承担侵权责任。接受劳务一方承担侵权责任后,可以向有故意或者重大过失的提供劳务一方追偿。提供劳务一方因劳务受到损害的，根据双方各自的过错承担相应的责任。

提供劳务期间，因第三人的行为造成提供劳务一方损害的，提供劳务一方有权请求第三人承担侵权责任，也有权请求接受劳务一方给予补偿。接受劳务一方补偿后，可以向第三人追偿。

注释

本条规定的"劳务关系"，是指提供劳务一方为接受劳务一方提供劳务服务，由接受劳务一方按照约定支付报酬而建立的一种民事权利义务关系。

本条规定的个人劳务损害责任包括三种类型：（1）个人劳务损害责任；（2）个人劳务工伤事故责任；（3）第三人造成个人劳务者损害责任。

个人劳务损害责任规则是：（1）提供劳务一方与接受劳务一方之间存在劳务关系，一方提供劳务，另一方接受劳务。（2）提供劳务一方在提供劳务过程中，因自己的行为造成他人损害。（3）适用过错推定原则，推定接受劳务一方有监督选任不当的过失。（4）实行替代责任，接受劳务一方对受害人的损害承担赔偿责任。（5）如果提供劳务一方在造成他人损害中有故意或者重大过失的，接受劳务一方在承担了赔偿责任之后，有权向提供劳务一方进行追偿。

个人劳务工伤事故责任中的提供劳务一方因自己的行为造成自己损害的责任规则是：实行过错责任原则，根据双方各自的过错，承担相应的责任。

提供劳务一方因第三人的行为造成自己损害的责任规则是：(1) 提供劳务一方在提供劳务期间，因第三人的行为造成自己损害的，构成个人劳务工伤事故责任。(2) 受到损害的提供劳务一方究竟是向第三人请求赔偿，还是向接受劳务一方请求赔偿，有选择权，可以选择对自己有利的一方行使。前者的请求权是基于第三人的侵权行为而发生，后者的请求权是基于个人劳务关系而发生。(3) 提供劳务一方向第三人请求赔偿，赔偿请求权实现之后，对接受劳务一方的请求权消灭；选择向接受劳务一方行使补偿请求权，接受劳务一方应当承担补偿责任，在承担了补偿责任之后，有权向造成损害的第三人进行追偿。

☞ **相关法条**
《人身损害赔偿解释》第4条、第5条

★ **第一千一百九十三条 【承揽关系中的侵权责任】** 承揽人在完成工作过程中造成第三人损害或者自己损害的，定作人不承担侵权责任。但是，定作人对定作、指示或者选任有过错的，应当承担相应的责任。

> **注释**
>
> 定作过失，是指定作人确定的定作任务本身就存在过失，这种定作有可能造成他人损害或者定作人的损害，如加工易燃、易爆物品。指示过失，是指定作人下达的定作任务没有问题，是指示承揽人的定作方法存在过失，如不应该采用危险方法进行加工，却作出这样的错误指示。这两种过失都构成定作人指示过失责任中所要求的过失。选任过失，则是指定作人选任承揽人有过失，如没有符合承担特种加工活动的资质而予以选任。

☞ **相关法条**

《民法典侵权责任编解释（一）》第18条

★★ **第一千一百九十四条　【网络侵权责任】** 网络用户、网络服务提供者利用网络侵害他人民事权益的，应当承担侵权责任。法律另有规定的，依照其规定。

> **注释**
>
> 网络侵权，是指发生在互联网上的各种侵害他人民事权益的行为，它不是指侵害某种特定权利（利益）的具体侵权行为，也不属于在构成要件方面具有某种特殊性的特殊侵权行为，而是指一切发生于互联网空间的侵权行为。
>
> 网络用户利用网络侵害他人民事权益，大体可以分为以下几种类型：一是侵害人格权。主要表现为：（1）盗用或者

假冒他人姓名，侵害姓名权；（2）未经许可使用他人肖像，侵害肖像权；（3）发表攻击、诽谤他人的文章，侵害名誉权；（4）非法侵入他人电脑、非法截取他人传输的信息、擅自披露他人个人信息、大量发送垃圾邮件，侵害隐私权。二是侵害财产利益。基于网络活动的便捷性和商务性，通过网络侵害财产利益的情形较为常见，如窃取他人网络银行账户中的资金，而最典型的是侵害网络虚拟财产，如窃取他人网络游戏装备、虚拟货币等。三是侵害知识产权。主要表现为侵犯他人著作权与商标权：（1）侵犯著作权，如擅自将他人作品进行数字化传输、规避技术措施、侵犯数据库等。（2）侵犯商标权，如在网站上使用他人商标，故意使消费者误以为该网站为商标权人的网站；恶意抢注与他人商标相同或相类似的域名等。

☞ **相关法条**

《信息网络传播权保护条例》第 13~17 条、第 20~24 条

《最高人民法院关于审理侵害信息网络传播权民事纠纷案件适用法律若干问题的规定》第 1~15 条

✱✱ 第一千一百九十五条 【"通知与取下"制度】
网络用户利用网络服务实施侵权行为的，权利人有权通知网络服务提供者采取删除、屏蔽、断开链接等必要措施。通知应当包括构成侵权的初步证据及权利人

的真实身份信息。

网络服务提供者接到通知后,应当及时将该通知转送相关网络用户,并根据构成侵权的初步证据和服务类型采取必要措施;未及时采取必要措施的,对损害的扩大部分与该网络用户承担连带责任。

权利人因错误通知造成网络用户或者网络服务提供者损害的,应当承担侵权责任。法律另有规定的,依照其规定。

注释

其发布的信息被采取删除、屏蔽、断开链接等措施的网络用户,主张网络服务提供者承担违约责任或者侵权责任,网络服务提供者以收到本条第1款规定的有效通知为由抗辩的,人民法院应予支持。

人民法院适用本条第2款的规定,认定网络服务提供者采取的删除、屏蔽、断开链接等必要措施是否及时,应当根据网络服务的类型和性质、有效通知的形式和准确程度、网络信息侵害权益的类型和程度等因素综合判断。

被侵权人与构成侵权的网络用户或者网络服务提供者达成一方支付报酬,另一方提供删除、屏蔽、断开链接等服务的协议,人民法院应认定为无效。

擅自篡改、删除、屏蔽特定网络信息或者以断开链接的方式阻止他人获取网络信息，发布该信息的网络用户或者网络服务提供者请求侵权人承担侵权责任的，人民法院应予支持。接受他人委托实施该行为的，委托人与受托人承担连带责任。

☞ **相关法条**

《信息网络侵害人身权规定》第 4 条、第 5 条、第 10 条

★ **第一千一百九十六条** 【"反通知"制度】网络用户接到转送的通知后，可以向网络服务提供者提交不存在侵权行为的声明。声明应当包括不存在侵权行为的初步证据及网络用户的真实身份信息。

网络服务提供者接到声明后，应当将该声明转送发出通知的权利人，并告知其可以向有关部门投诉或者向人民法院提起诉讼。网络服务提供者在转送声明到达权利人后的合理期限内，未收到权利人已经投诉或者提起诉讼通知的，应当及时终止所采取的措施。

注 释

当权利人行使对网络用户发布的信息采取必要措施的通知权，网络服务提供者将该通知转送网络用户，网络用户接到

该通知后,即产生反通知权,其可以向网络服务提供者提交自己不存在侵权行为的声明。提交该声明就是行使反通知权的行为。提交的反通知声明,也应当包括不存在侵权行为的初步证据以及网络用户的真实身份信息,不符合此种要求的反通知声明不发生反通知的效果。权利人在收到反通知的声明合理期限内,未通知网络服务提供者其已经投诉或者提起诉讼通知的,网络服务提供者应当及时对网络用户发布的信息终止所采取的删除、屏蔽或者断开链接的必要措施,保护网络用户即反通知权利人的表达自由。

★★第一千一百九十七条 【网络服务提供者与网络用户的连带责任】网络服务提供者知道或者应当知道网络用户利用其网络服务侵害他人民事权益,未采取必要措施的,与该网络用户承担连带责任。

注释

人民法院依据本条认定网络服务提供者是否"知道或者应当知道",应当综合考虑下列因素:(1)网络服务提供者是否以人工或者自动方式对侵权网络信息以推荐、排名、选择、编辑、整理、修改等方式作出处理;(2)网络服务提供者应当具备的管理信息的能力,以及所提供服务的性质、方式及其引发侵权的可能性大小;(3)该网络信息侵害人身权益的类型及明显程度；（4）该网络信息的社会影响程度或者一定时间内的浏览量；（5）网络服务提供者采取预防侵权措施的技术可能性及其是否采取了相应的合理措施；（6）网络服务提供者是否针对同一网络用户的重复侵权行为或者同一侵权信息采取了相应的合理措施；（7）与本案相关的其他因素。

☞ **相关法条**
《信息网络侵害人身权规定》第 6 条

★★ **第一千一百九十八条** 【违反安全保障义务的侵权责任】宾馆、商场、银行、车站、机场、体育场馆、娱乐场所等经营场所、公共场所的经营者、管理者或者群众性活动的组织者，未尽到安全保障义务，造成他人损害的，应当承担侵权责任。

因第三人的行为造成他人损害的，由第三人承担侵权责任；经营者、管理者或者组织者未尽到安全保障义务的，承担相应的补充责任。经营者、管理者或者组织者承担补充责任后，可以向第三人追偿。

注 释

安全保障义务，是指宾馆、商场、银行、车站、机场、体育场馆、娱乐场所等经营场所、公共场所的经营者、管理者或者群众性活动的组织者，所负有的在合理限度范围内保护他人人身和财产安全的义务。

本条第 1 款明确安全保障义务人为下面两类人：第一，宾馆、商场、银行、车站、机场、体育场馆、娱乐场所等经营场所、公共场所的经营者、管理者。公共场所包括以公众为对象进行商业性经营的场所，也包括对公众提供服务的场所。除了本条列举的这些场所外，码头、公园、餐厅等也都属于公共场所。第二，群众性活动的组织者。群众性活动是指法人或者其他组织面向社会公众举办的参加人数较多的活动，比如体育比赛活动，演唱会、音乐会等文艺演出活动，展览、展销等活动，游园、灯会、庙会、花会、焰火晚会等活动，人才招聘会、现场开奖的彩票销售等活动。

典型案例

孙某某诉某博物馆违反安全保障义务责任纠纷案[1]

2019 年 6 月 9 日，66 岁的孙某某通过提前网上预约的方式，与其夫、其子共同前往某博物馆参观。13 时 15 分许，

---

[1] 参见《天津高院发布保障老年人合法权益典型案例》（2022 年 10 月 23 日公布），载天津法院网 https://tjfy.tjcourt.gov.cn/article/detail/2020/10/id/5539313.shtml，最后访问时间：2024 年 9 月 26 日。

孙某某在博物馆某展厅内的台阶处迈步下最后一级台阶时，回望同行家属，左脚部分踩空，不慎跌倒，左侧髋部着地。监控视频显示：事发处的台阶呈不规则状分布、宽度不一，台阶侧立面安装了发光警示条，便于行走处铺贴了小脚丫图案，里面印有"小心台阶"的文字。孙某某摔倒后，与家人自行离开博物馆，于当日15时18分许被送至医院急诊，并住院接受治疗。医院主要诊断为左股骨颈骨折，其他诊断为高血压、心律不齐等。经鉴定，孙某某左下肢损伤构成九级伤残，误工期365天、护理期120天、营养期120天。治疗期间，孙某某累计支出各项医疗费用65159.57元。

法院经审理认为，某博物馆属于向公众提供服务的场所，应纳入安全保障义务人的范围。法律规定的"公共场所"可以分为以公众为对象进行商业性经营的场所和对公众提供服务的场所，不同的公共场所负有的安全保障义务标准是不同的。本案中博物馆作为公益性场所，负有比经营性场所更轻的安全保障义务，只有在场所设施设备存在缺陷、缺乏有效警示和安全防范措施、怠于救治等情况下承担相应责任。博物馆内某展厅不规则的台阶分布改变了游客的正常行走习惯，增大了受害风险，虽然博物馆通过安设发光警示条和铺贴小脚丫图案等形式进行常规警示防范，但该防范措施就不规则台阶的潜在风险情况而言并不充分，从监控视频可见，事发处的最后一级台阶比倒数第二级台阶明显变宽，孙某某的摔倒与其对台阶宽度的认知及预判偏差存在一定因果关系。另外，孙某某下台阶时已经注意到台阶的存在并且顺利下行至最后一级台阶，踩空摔倒时正在回望家属，其损害结果发生与其自身专注和谨慎程度不高也存在因果关系。孙某某是老年人，陪同参观的家属有随身照顾义务，孙某某损害后果的发生，与其子缺乏预见、疏于防范存在一定因果关系。综合考虑上述各种因素对孙某某损害结果发生的原因力大小，博物馆未完全尽到合理限度的安全保障义务，最终判处博物馆对孙某某的损失承担20%的赔偿责任。

案涉博物馆属于公益性场所，老年人通过提前预约可免费参观，但是免费服务并不意味着免责。虽然公益性博物馆不属于经营性场所，但若未尽到安全保障义务，存在过失，造成他人损害，也应当承担相应的损害赔偿责任。该案的裁判启示公共场所管理人要进一步提升法律意识和服务意识，在场馆设计、场景布置上，从视听、体感和安全等多角度做好规划。从老年人的自身认知能力、肢体活动能力等多方面考虑现有设施可能给这一弱势群体带来的安全隐患，进而提供充分的安全保障和隐患防范措施。此外，老年人及其家属也应提升风险意识，老年人前往公共场所最好有成年子女陪伴。同行成年子女应视老人身体状况，做好充分的出行准备工作，出行过程中应密切关注、随身照顾老年人，选择安全的时间和地点，在公共场所帮助老年人最大程度分辨、识别

> 有可能发生安全隐患的路线、方位、场馆等，使其避免因自身过错而发生事故，确保老年人健康、安全、放心、愉快出行。

第一千一百九十九条 【教育机构对无民事行为能力人受到人身损害的过错推定责任】无民事行为能力人在幼儿园、学校或者其他教育机构学习、生活期间受到人身损害的，幼儿园、学校或者其他教育机构应当承担侵权责任；但是，能够证明尽到教育、管理职责的，不承担侵权责任。

★★ **第一千二百条** 【教育机构对限制民事行为能力人受到人身损害的过错责任】限制民事行为能力人在学校或者其他教育机构学习、生活期间受到人身损害，学校或者其他教育机构未尽到教育、管理职责的，应当承担侵权责任。

注释

> 根据《学生伤害事故处理办法》第9条的规定，因下列情形之一造成的学生伤害事故，学校应当依法承担相应的责任：（1）学校的校舍、场地、其他公共设施，以及学校提供给学生使用的学具、教育教学和生活设施、设备不符合国家规定的标准，或者有明显不安全因素的；（2）学校的安全保卫、

消防、设施设备管理等安全管理制度有明显疏漏，或者管理混乱，存在重大安全隐患，而未及时采取措施的；(3) 学校向学生提供的药品、食品、饮用水等不符合国家或者行业的有关标准、要求的；(4) 学校组织学生参加教育教学活动或者校外活动，未对学生进行相应的安全教育，并未在可预见的范围内采取必要的安全措施的；(5) 学校知道教师或者其他工作人员患有不适宜担任教育教学工作的疾病，但未采取必要措施的；(6) 学校违反有关规定，组织或者安排未成年学生从事不宜未成年人参加的劳动、体育运动或者其他活动的；(7) 学生有特异体质或者特定疾病，不宜参加某种教育教学活动，学校知道或者应当知道，但未予以必要的注意的；(8) 学生在校期间突发疾病或者受到伤害，学校发现，但未根据实际情况及时采取相应措施，导致不良后果加重的；(9) 学校教师或者其他工作人员体罚或者变相体罚学生，或者在履行职责过程中违反工作要求、操作规程、职业道德或者其他有关规定的；(10) 学校教师或者其他工作人员在负有组织、管理未成年学生的职责期间，发现学生行为具有危险性，但未进行必要的管理、告诫或者制止的；(11) 对未成年学生擅自离校等与学生人身安全直接相关的信息，学校发现或者知道，但未及时告知未成年学生的监护人，导致未成年学生因脱离监护人的保护而发生伤害的；(12) 学校有未依法履行职责的其他情形的。

典型案例

高某某与赵某某、某小学等健康权纠纷案①

高某某（10周岁）和赵某某（12周岁）时系某小学学生。2019年3月，某小学组织学生开展读书活动，但未指派教职工对活动现场进行管理和秩序维护。活动期间，赵某某帮助同学取书，上到书柜高处拿书时，书砸到后方站着的高某某的右眼部位。事发后，高某某多次就医治疗。经诊断，事故造成高某某右眼钝挫伤，右眼晶体半脱位，右眼瞳孔散大，双眼视力持续下降。2020年，高某某将赵某某及其父母周某、赵某和某小学诉至法院，请求依法判令四被告赔偿原告医疗费、交通费等各项经济损失。

法院生效裁判认为，某小学在组织学生活动期间，疏于管理，未尽到教育、监管职责，应当对高某某受伤的后果承担主要责任；被告赵某某作为限制民事行为能力人，对风险有一定认知能力，其疏忽大意造成高某某眼部受伤，存在一定过错，应当承担相应的责任，因赵某某系限制民事行为能力人，故应由其监护人周某、赵某承担相应的赔偿责任；原告高某某虽为限制民事行为能力人，但对于危险亦应具备一

---

① 参见《天津法院发布保护未成年人合法权益典型案例》（2022年6月8日发布），载天津法院网 https：//tjfy.tjcourt.gov.cn/article/detail/2022/06/id/6729531.shtml，最后访问时间：2024年9月26日。

定的认知能力,其自身未尽到安全注意义务,应当自行承担一定责任。综上,判决某小学承担70%的责任,赵某某、高某某各承担15%的责任,按照责任比例,某小学赔偿高某某各项损失21462.3元,周某、赵某赔偿高某某各项损失4229.52元。

　　本案是一起未成年人校园人身损害典型案例。学校是未成年人活动的重要场所,《民法典》第1200条规定:"限制民事行为能力人在学校或者其他教育机构学习、生活期间受到人身损害,学校或者其他教育机构未尽到教育、管理职责的,应当承担侵权责任。"本案中,高某某作为限制民事行为能力人,在参加学校组织的集体活动期间受伤,由于事发当时学校未配备教职人员对活动现场学生进行引导和规范,疏于监管,应当对事故承担主要责任。本案提示幼儿园、学校等教育机构,在组织未成年人活动时应注意做好事前安全教育,完善安全防护措施,必要时应有教职人员在场进行有效管理,尽到安全保障义务,为未成年人提供更加安全的学习和活动环境;父母及其他家庭成员在日常也要加强对未成年人安全意识、自我保护意识的教育和培养,共同为未成年人的健康成长保驾护航。

☞ **相关法条**

《未成年人保护法》第三章

《学生伤害事故处理办法》第9条

★★ 第一千二百零一条 【受到校外人员人身损害时的责任分担】无民事行为能力人或者限制民事行为能力人在幼儿园、学校或者其他教育机构学习、生活期间，受到幼儿园、学校或者其他教育机构以外的第三人人身损害的，由第三人承担侵权责任；幼儿园、学校或者其他教育机构未尽到管理职责的，承担相应的补充责任。幼儿园、学校或者其他教育机构承担补充责任后，可以向第三人追偿。

注 释

本条规定了学生在校内遭受校外人员人身损害的责任承担。"幼儿园、学校或者其他教育机构以外的第三人"，是指幼儿园、学校或者其他教育机构的教师、学生和其他工作人员以外的人员。针对审判实践中反映的实体与程序问题，《民法典侵权责任编解释（一）》第14条作出规定：

一是被侵权人可一并起诉实施侵权行为的第三人和教育机构。无须被侵权人先行起诉、强制执行第三人财产后再就赔偿不能部分起诉请求教育机构承担责任。目的是减轻当事人诉累，保障被侵权人及时获得救济。

二是如果诉讼时实施侵权行为的第三人能够确定，一般不单独列教育机构为被告。人民法院应当向原告释明申请追加实施侵权行为的第三人为共同被告。第三人和教育机构作为共同被告的，人民法院在判决中应体现教育机构承担补充责任的在后执行顺位，即明确"教育机构在人民法院就第三人的财产依法强制执行后仍不能履行的范围内，承担与其过错相应的补充责任"。

三是诉讼时无法确定第三人的，未尽到管理职责的教育机构可以先行承担与其过错相应的责任。教育机构承担责任后向已经确定的第三人追偿的，人民法院依照《民法典》第1201条的规定予以支持。

☞ 相关法条

《民法典侵权责任编解释（一）》第14条

▶▶小测试◀◀①

1. 无民事行为能力人、限制民事行为能力人造成他人损害的，由监护人承担侵权责任。（　）
2. 完全民事行为能力人对自己的行为暂时没有意识或者失去控制造成他人损害有过错的，应当承担侵权责任；没有过错的，根据行为人的经济状况对受害人适当补偿。（　）
3. 用人单位的工作人员因执行工作任务造成他人损害的，由（　）承担侵权责任。

---

① 【答案】1.√。2.√。3.B。4.C。5.CD。6.不承担；相应。7.删除；屏蔽；断开链接。8.必要措施。

A. 工作人员　　　　　B. 用人单位

C. 实际侵权人　　　　D. 用人单位与工作人员共同

4. 无民事行为能力人在幼儿园、学校或者其他教育机构学习、生活期间受到人身损害的，幼儿园、学校或者其他教育机构应当承担侵权责任；但是，能够证明尽到教育、管理职责的，（　　）侵权责任。

A. 可以减轻　　　　　B. 应当减轻

C. 不承担　　　　　　D. 仍应承担

5. 个人之间形成劳务关系，提供劳务一方因劳务造成他人损害的，由接受劳务一方承担侵权责任。接受劳务一方承担侵权责任后，可以向有（　　）的提供劳务一方追偿。

A. 过错　　　　　　　B. 一般过失

C. 重大过失　　　　　D. 故意

6. 承揽人在完成工作过程中造成第三人损害或者自己损害的，定作人_____侵权责任。但是，定作人对定作、指示或者选任有过错的，应当承担_____的责任。

7. 网络用户利用网络服务实施侵权行为的，权利人有权通知网络服务提供者采取_____、_____、_____等必要措施。通知应当包括构成侵权的初步证据及权利人的真实身份信息。

8. 网络服务提供者知道或者应当知道网络用户利用其网络服务侵害他人民事权益，未采取_____的，与该网络用户承担连带责任。

第四章 产品责任

★ **第一千二百零二条** 【产品生产者侵权责任】因产品存在缺陷造成他人损害的，生产者应当承担侵权责任。

注释

　　缺陷产品造成他人损害的事实，包括人身损害和财产损害。对于产品责任中财产损害的范围，普遍认同包括缺陷产品以外的其他财产的损失，但对是否包括产品自损，立法过程中和司法实务中都存在一定争议。针对这一争议，《民法典侵权责任编解释（一）》第19条对此作出了明确规定，"因产品存在缺陷造成买受人财产损害，买受人请求产品的生产者或者销售者赔偿缺陷产品本身损害以及其他财产损害的，人民法院依照民法典第一千二百零二条、第一千二百零三条的规定予以支持"，即财产损害应当包括产品自损。

　　作出上述规定的主要考虑：一方面是贯彻立法精神。本条"因产品存在缺陷造成他人损害的，生产者应当承担侵权责任"的规定中的"他人损害"，就包括了产品自损。相对于《产品质量法》，《民法典》是新法，《民法典侵权责任编解释（一）》第19条的规定是对《民法典》立法精神的具体阐释。另一方面是立足国情。对缺陷产品财产损害事实的认定，应当立足于我国国情从保护消费者角度作出解释，以符合人民群众对缺陷产品造成财产损害的一般认识。对于消费者而言，购买的产品本身存在缺陷造成了产品自损，从合同责任角度，产品的销售者要承担瑕疵担保责任；从侵权责任角度，产品自损系因产品缺陷引起，给消费者造成了财产损失，将其认定为缺陷产品造成的财产损害，消费者可以通过提起一个侵权责任纠纷诉讼，一并主张赔偿产品自损以及缺陷产品以外的其他财产损害，有利于及时、便捷地保护消费者合法权益。若将产品自损排除在产品侵权损害事实之外，则消费者的损害仅通过侵权责任纠纷诉讼无法完全填补，这不符合减少当事人诉累、及时便捷化解矛盾纠纷的司法理念。

☞ **相关法条**

《产品质量法》第41条、第42条、第46条

《民法典侵权责任编解释（一）》第19条

第一千二百零三条　【被侵权人请求损害赔偿的途径和先行赔偿人追偿权】 因产品存在缺陷造成他人损害的，被侵权人可以向产品的生产者请求赔偿，也可以向产品的销售者请求赔偿。

产品缺陷由生产者造成的，销售者赔偿后，有权向生产者追偿。因销售者的过错使产品存在缺陷的，生产者赔偿后，有权向销售者追偿。

> 注释

本条所讲的"被侵权人",是指因产品存在缺陷造成人身、财产损害之后,有权要求获得赔偿的人,既包括直接购买并使用缺陷产品的人,也包括非直接购买使用缺陷产品但受到缺陷产品损害的其他人。

☞ **相关法条**
《产品质量法》第 43 条
《民法典侵权责任编解释(一)》第 19 条

★ **第一千二百零四条** 【生产者、销售者的第三人追偿权】因运输者、仓储者等第三人的过错使产品存在缺陷,造成他人损害的,产品的生产者、销售者赔偿后,有权向第三人追偿。

> 注释

产品在运输流通过程中,运输者、仓储者等应当按照有关规定和产品包装上标明的运输、储藏等标准进行运输、储藏。如果运输者、仓储者等不按规定运输或者仓储,有可能造成产品缺陷。因运输者、仓储者等第三人导致产品缺陷造成他人损害的,受害人仍然可以向产品的生产者、销售者主张侵权责任。此为产品责任中的不真正连带责任,数个责任主体都是要承担中间责任的,被侵权人作为请求权人可以向任何一方请求承担全部赔偿责任。在产品的生产者、销售者承担了赔偿责任后,有权向有过错的第三人追偿。

第一千二百零五条　【产品缺陷危及他人人身、财产安全的侵权责任】因产品缺陷危及他人人身、财产安全的，被侵权人有权请求生产者、销售者承担停止侵害、排除妨碍、消除危险等侵权责任。

★ 第一千二百零六条　【生产者、销售者的补救措施及费用承担】产品投入流通后发现存在缺陷的，生产者、销售者应当及时采取停止销售、警示、召回等补救措施；未及时采取补救措施或者补救措施不力造成损害扩大的，对扩大的损害也应当承担侵权责任。

依据前款规定采取召回措施的，生产者、销售者应当负担被侵权人因此支出的必要费用。

注　释

产品投入流通时，生产者、销售者可能因某种原因或者技术水平等未能发现产品有缺陷，在产品已经进入流通后才发现产品存在缺陷。在这种情形下，生产者、销售者应当及时以合理、有效的方式向使用人发出警示，或者采取召回缺陷产品等补救措施，以防止损害发生或者进一步扩大。依据本条的规定，对投入流通后发现存在缺陷的产品，生产者、销售者采取补救措施不限于警示、召回二种，而可以根据每个产品的不同性能、特点、作用、缺陷的状况、损害发生的概率等情况采取更有利于防止损害发生或者进一步扩大的措施。

如果生产者、销售者对投入流通后发现存在缺陷的产品，不及时采取补救措施或者采取补救措施不力造成损害的，应当承担侵权责任。

★ **第一千二百零七条　【产品责任中的惩罚性赔偿】** 明知产品存在缺陷仍然生产、销售，或者没有依据前条规定采取有效补救措施，造成他人死亡或者健康严重损害的，被侵权人有权请求相应的惩罚性赔偿。

注释

惩罚性赔偿，也称惩戒性赔偿，是加害人给付受害人超过其实际损害数额的一种金钱赔偿。目前，我国实行侵权惩罚性赔偿责任，主要包括三个方面：（1）产品包括食品恶意造成消费者损害；（2）恶意服务造成消费者损害；（3）恶意侵害知识产权造成损害。本条规定的是第1种侵权惩罚性赔偿责任。

适用惩罚性赔偿责任的产品责任构成要件是：（1）产品存在缺陷；（2）生产者、销售者明知该产品存在缺陷；（3）生产者、销售者对该缺陷产品继续进行生产、销售或者没有采取有效补救措施；（4）造成受害人死亡或者健康严重损害。

▶▶小测试◀◀ ①

1. 因产品存在缺陷造成他人损害的,生产者应当承担侵权责任。(   )

2. 因产品存在缺陷造成他人损害的,被侵权人只能向产品的生产者请求赔偿。(   )

3. 因运输者、仓储者等第三人的过错使产品存在缺陷,造成他人损害的,产品的生产者、销售者赔偿后,有权向(   )追偿。

   A. 第三人　　　　　B. 销售者
   C. 生产者　　　　　D. 消费者

4. 因产品缺陷危及他人人身、财产安全的,被侵权人有权请求生产者、销售者承担(   )等侵权责任。

   A. 停止侵害　　　　B. 排除妨碍
   C. 消除危险　　　　D. 精神损害

5. 产品投入流通后发现存在缺陷的,生产者、销售者应当及时采取＿＿＿、＿＿＿、＿＿＿等补救措施;未及时采取补救措施或者补救措施不力造成损害扩大的,对扩大的损害也应当承担侵权责任。

---

① 【答案】1. √。2. ×,解析:《民法典》第1203条第1款。3. A。4. ABC。5. 停止销售;警示;召回。

第五章 机动车交通事故责任

★ **第一千二百零八条 【机动车交通事故责任的法律适用】** 机动车发生交通事故造成损害的，依照道路交通安全法律和本法的有关规定承担赔偿责任。

注释

本条规定的依照道路交通安全法律的有关规定承担赔偿责任，是指依照《道路交通安全法》第76条等有关规定。《道路交通安全法》第76条规定："机动车发生交通事故造成人身伤亡、财产损失的，由保险公司在机动车第三者责任强制保险责任限额范围内予以赔偿；不足的部分，按照下列规定承担赔偿责任：（一）机动车之间发生交通事故的，由有过错的一方承担赔偿责任；双方都有过错的，按照各自过错的比例分担责任。（二）机动车与非机动车驾驶人、行人之间发生交通事故，非机动车驾驶人、行人没有过错的，由机动车一方承担赔偿责任；有证据证明非机动车驾驶人、行人有过错的，根据过错程度适当减轻机动车一方的赔偿责任；机动车一方没有过错的，承担不超过百分之十的赔偿责任。交通事故的损失是由非机动车驾驶人、行人故意碰撞机动车造成的，机动车一方不承担赔偿责任。"

☞ **相关法条**

《道路交通安全法》第 76 条

《民法典侵权责任编解释（一）》第 22 条

★★ **第一千二百零九条** 【租赁、借用机动车交通事故责任】因租赁、借用等情形机动车所有人、管理人与使用人不是同一人时，发生交通事故造成损害，属于该机动车一方责任的，由机动车使用人承担赔偿责任；机动车所有人、管理人对损害的发生有过错的，承担相应的赔偿责任。

注 释

机动车发生交通事故造成损害，机动车所有人或者管理人有下列情形之一，人民法院应当认定其对损害的发生有过错，并适用本条的规定确定其相应的赔偿责任：（1）知道或者应当知道机动车存在缺陷，且该缺陷是交通事故发生原因之一的；（2）知道或者应当知道驾驶人无驾驶资格或者未取得相应驾驶资格的；（3）知道或者应当知道驾驶人因饮酒、服用国家管制的精神药品或者麻醉药品，或者患有妨碍安全驾驶机动车的疾病等依法不能驾驶机动车的；（4）其他应当认定机动车所有人或者管理人有过错的。

☞ **相关法条**

《道路交通事故损害赔偿解释》第 1 条

第一千二百一十条　【转让并交付但未办理登记的机动车侵权责任】 当事人之间已经以买卖或者其他方式转让并交付机动车但是未办理登记，发生交通事故造成损害，属于该机动车一方责任的，由受让人承担赔偿责任。

> 注释
>
> 机动车有下列情形之一的，应当办理相应的登记：(1) 机动车所有权发生转移的；(2) 机动车登记内容变更的；(3) 机动车用作抵押的；(4) 机动车报废的。
>
> 被多次转让但是未办理登记的机动车发生交通事故造成损害，属于该机动车一方责任，当事人请求由最后一次转让并交付的受让人承担赔偿责任的，人民法院应予支持。
>
> 拼装车、已达到报废标准的机动车或者依法禁止行驶的其他机动车被多次转让，并发生交通事故造成损害，当事人请求由所有的转让人和受让人承担连带责任的，人民法院应予支持。

☞ **相关法条**

《道路交通安全法》第12条

《道路交通事故损害赔偿解释》第2条、第4条

第一千二百一十一条　【挂靠机动车交通事故责任】 以挂靠形式从事道路运输经营活动的机动车，发

生交通事故造成损害，属于该机动车一方责任的，由挂靠人和被挂靠人承担连带责任。

> **注释**
>
> 以挂靠形式从事道路运输经营活动的机动车运营，是比较普遍的现象，原因是从事机动车运营需要政府管理部门核准资质，而政府只给法人或者非法人组织办理运营资质，不给个人办理运营资质，故个人从事机动车运营活动，只有挂靠到有运营资质的单位，才能进行合法运营活动。

★ **第一千二百一十二条** 【擅自驾驶他人机动车交通事故责任】未经允许驾驶他人机动车，发生交通事故造成损害，属于该机动车一方责任的，由机动车使用人承担赔偿责任；机动车所有人、管理人对损害的发生有过错的，承担相应的赔偿责任，但是本章另有规定的除外。

> **注释**
>
> 本条规定的"对损害的发生有过错"，可理解为机动车所有人、管理人没有履行一般人应有的谨慎注意义务。例如，机动车所有人将车停在路边，为图方便没有熄火就下车买东西，车上同行人在等待时闲极无聊，坐在驾驶位上操作，导致发生交通事故。这种情形下，机动车所有人是有过错的，应当在过错范围内承担相应的责任。

本条规定了但书，而且是仅限于"本章"另有规定的除外。该但书仅指一种情形，即《民法典》第1215条第1款规定的"……盗窃人、抢劫人或者抢夺人与机动车使用人不是同一人，发生交通事故造成损害，属于该机动车一方责任的，由盗窃人、抢劫人或者抢夺人与机动车使用人承担连带责任"。

第一千二百一十三条 【交通事故侵权救济来源的支付顺序】 机动车发生交通事故造成损害，属于该机动车一方责任的，先由承保机动车强制保险的保险人在强制保险责任限额范围内予以赔偿；不足部分，由承保机动车商业保险的保险人按照保险合同的约定予以赔偿；仍然不足或者没有投保机动车商业保险的，由侵权人赔偿。

注释

同时投保机动车第三者责任强制保险（以下简称交强险）和第三者责任商业保险（以下简称商业三者险）的机动车发生交通事故造成损害，当事人同时起诉侵权人和保险公司的，人民法院应当依照本条的规定，确定赔偿责任。

被侵权人或者其近亲属请求承保交强险的保险公司优先赔偿精神损害的，人民法院应予支持。

投保人允许的驾驶人驾驶机动车致使投保人遭受损害,当事人请求承保交强险的保险公司在责任限额范围内予以赔偿的,人民法院应予支持,但投保人为本车上人员的除外。

有下列情形之一导致第三人人身损害,当事人请求保险公司在交强险责任限额范围内予以赔偿,人民法院应予支持:(1)驾驶人未取得驾驶资格或者未取得相应驾驶资格的;(2)醉酒、服用国家管制的精神药品或者麻醉药品后驾驶机动车发生交通事故的;(3)驾驶人故意制造交通事故的。

保险公司在赔偿范围内向侵权人主张追偿权的,人民法院应予支持。追偿权的诉讼时效期间自保险公司实际赔偿之日起计算。

☞ **相关法条**

《民法典侵权责任编解释(一)》第 21 条

《道路交通事故损害赔偿解释》第 13~15 条

★ **第一千二百一十四条** 【拼装车、报废车交通事故责任】以买卖或者其他方式转让拼装或者已经达到报废标准的机动车,发生交通事故造成损害的,由转让人和受让人承担连带责任。

注 释

拼装车,是指没有汽车生产资质的人非法用汽车零部件拼装而成的机动车。报废车,本条明确规定是"已经达到报废标准的机动车",而不是已经报废的机动车,其含义是,凡是已经达到报废标准的机动车,无论是否已经经过报废程序,都在规范之列,以此表达机动车报废的强制性。拼装车、已经达到报废标准的机动车或者依法禁止行驶的其他机动车被多次转让,发生交通事故造成损害,所有的转让人和受让人都承担连带责任,且转让人、受让人以其不知道且不应当知道该机动车系拼装或者已经达到报废标准为由,主张不承担侵权责任的,人民法院不予支持。依法禁止行驶的其他机动车,与拼装车、报废车相似,造成交通事故致人损害,可以参照适用本条规定确定责任。

☞ **相关法条**

《民法典侵权责任编解释(一)》第 20 条

★★ **第一千二百一十五条** 【盗抢机动车交通事故责任】盗窃、抢劫或者抢夺的机动车发生交通事故造成损害的,由盗窃人、抢劫人或者抢夺人承担赔偿责任。盗窃人、抢劫人或者抢夺人与机动车使用人不是同一人,发生交通事故造成损害,属于该机动车一方责任的,由盗窃人、抢劫人或者抢夺人与机动车使用人承担连带责任。

保险人在机动车强制保险责任限额范围内垫付抢

救费用的，有权向交通事故责任人追偿。

> **注释**
>
> 有下列情形之一的，保险公司在机动车交通事故责任强制保险责任限额范围内垫付抢救费用，并有权向致害人追偿：（1）驾驶人未取得驾驶资格或者醉酒的；（2）被保险机动车被盗抢期间肇事的；（3）被保险人故意制造道路交通事故的。
>
> 有前述所列情形之一，发生道路交通事故的，造成受害人的财产损失，保险公司不承担赔偿责任。

☞ **相关法条**

《机动车交通事故责任强制保险条例》第22条

★★ **第一千二百一十六条　【驾驶人逃逸责任承担规则】**机动车驾驶人发生交通事故后逃逸，该机动车参加强制保险的，由保险人在机动车强制保险责任限额范围内予以赔偿；机动车不明、该机动车未参加强制保险或者抢救费用超过机动车强制保险责任限额，需要支付被侵权人人身伤亡的抢救、丧葬等费用的，由道路交通事故社会救助基金垫付。道路交通事故社会救助基金垫付后，其管理机构有权向交通事故责任人追偿。

注释

车辆发生交通事故后逃逸的，事故现场目击人员和其他知情人员应当向公安机关交通管理部门或者交通警察举报。举报属实的，公安机关交通管理部门应当给予奖励。造成交通事故后逃逸的，由公安机关交通管理部门吊销机动车驾驶证，且终生不得重新取得机动车驾驶证。

交通运输肇事后逃逸或者有其他特别恶劣情节的，处3年以上7年以下有期徒刑；因逃逸致人死亡的，处7年以上有期徒刑。

国家设立道路交通事故社会救助基金（以下简称救助基金）。有下列情形之一时，道路交通事故中受害人人身伤亡的丧葬费用、部分或者全部抢救费用，由救助基金先行垫付，救助基金管理机构有权向道路交通事故责任人追偿：（1）抢救费用超过机动车交通事故责任强制保险责任限额的；（2）肇事机动车未参加机动车交通事故责任强制保险的；（3）机动车肇事后逃逸的。

救助基金的来源包括：（1）按照机动车交通事故责任强制保险的保险费的一定比例提取的资金；（2）对未按照规定投保机动车交通事故责任强制保险的机动车的所有人、管理人的罚款；（3）救助基金管理机构依法向道路交通事故责任人追偿的资金；（4）救助基金孳息；（5）其他资金。

☞ **相关法条**

《道路交通安全法》第 71 条、第 101 条第 2 款

《刑法》第 133 条

《机动车交通事故责任强制保险条例》第 24 条、第 25 条

★★ **第一千二百一十七条 【好意同乘规则】** 非营运机动车发生交通事故造成无偿搭乘人损害，属于该机动车一方责任的，应当减轻其赔偿责任，但是机动车使用人有故意或者重大过失的除外。

注释

好意同乘，是指无偿搭乘他人的机动车，在运行中发生交通事故，造成无偿搭乘人损害，属于该机动车一方责任的，减轻该机动车一方赔偿责任的规则。

（1）好意同乘的适用条件须为无偿搭乘他人机动车，而非有偿搭乘；被搭乘的是他人的非营运机动车，而不是营运机动车。

（2）发生交通事故造成搭乘人损害，须属于该机动车一方的责任，即被搭乘人的责任。

（3）减轻责任。好意同乘是善意地为他人提供方便的行为，是利他行为，即使造成无偿搭乘人损害，被搭乘人也不应当承担全部赔偿责任，故本条规定，即使属于该机动车一方的责任，也应减轻该机动车一方的赔偿责任。

(4) 全部责任。如果造成交通事故致害是机动车使用人因故意或者重大过失所致，则机动车一方应当承担全部赔偿责任。

> **典型案例**
>
> **岳某等与郝某、薛某等机动车交通事故责任纠纷案**[1]
>
> 2018年2月10日9时许，郝某未依法取得机动车驾驶证，驾驶未按规定登记的机动车，搭载其妻董某、同事和邻居王某、卢某去集市赶集，车辆沿大港农场场区内道路行驶至钱顺公路交口时，与薛某驾驶的车辆前部发生碰撞，造成董某当场死亡，郝某、王某、卢某受伤。后王某经医院抢救无效死亡。该事故经交管部门认定，郝某承担事故同等责任，薛某承担事故同等责任，董某、王某、卢某无责任。受害人王某的家属岳某等人向法院提起诉讼，要求某保险公司在交强险的责任限额内及商业三者险的保险金额内赔偿死亡赔偿金、丧葬费等损失，不足部分由薛某、郝某承担连带赔偿责任。薛某与某保险公司同意依法赔偿原告合理合法的损失。郝某不同意赔偿，认为其购买的电动三轮车是为了自用，郝某与王某既是同事又是邻居关系，发生交通事故时，是好意同乘，王某的损失应自行承担。

---

[1] 参见《岳某等与郝某、薛某等机动车交通事故责任纠纷》，载天津法院网 https://tjfy.tjcourt.gov.cn/article/detail/2020/12/id/5685983.shtml，最后访问时间：2024年9月26日。

法院生效裁判认为，该事故责任经交管部门认定，双方均无异议，法院予以确认。郝某、薛某应各自对该事故承担50%的责任。考虑到郝某无偿搭载王某的行为，属于友善互助、好意同乘行为，郝某应当承担的50%部分，由原告自行承担20%。法院判决由某保险公司在交强险的责任限额内赔偿原告损失55000元、在商业三者险的保险限额内赔偿原告损失309581.6元；由被告郝某赔偿原告损失247665.24元；驳回原告的其他诉讼请求。

本案是一起由好意同乘引发交通事故的典型案例。好意同乘，符合友善互助的社会道德和绿色出行的环保理念。随着我国经济的发展，私家车拥有量日益增多，出行相互搭乘、互行方便的好意同乘现象逐渐成为一种生活常态，由好意同乘引发的交通事故诉讼大量增加。《民法典》出台前，好意同乘造成搭乘人损害的，适用原《侵权责任法》，考虑到好意同乘是一种好意施惠行为，一般适当减轻驾驶人的赔偿责任。《民法典》第1217条对好意同乘行为的法律责任作出了规范，本案的判决与《民法典》相一致，为公众行为提供了指引。

▶▶小测试◀◀ ①

1. 因租赁、借用等情形机动车所有人、管理人与使用人不是同一人时,发生交通事故造成损害,属于该机动车一方责任的,一律由机动车所有人承担赔偿责任。(　　)

2. 当事人之间已经以买卖或者其他方式转让并交付机动车但是未办理登记,发生交通事故造成损害,属于该机动车一方责任的,由(　　)承担赔偿责任。
   A. 受让人　　　　B. 转让人
   C. 保险公司　　　D. 第三人

3. 以挂靠形式从事道路运输经营活动的机动车,发生交通事故造成损害,属于该机动车一方责任的,由挂靠人和被挂靠人承担(　　)责任。
   A. 按份　　　　B. 相应
   C. 连带　　　　D. 补充

4. 以买卖或者其他方式转让(　　)或者已经达到(　　)标准的机动车,发生交通事故造成损害的,由转让人和受让人承担连带责任。
   A. 改装　　　　B. 拼装
   C. 报废　　　　D. 回收

---

① 【答案】1. ×,解析:《民法典》第1209条。2. A。3. C。4. BC。5. 盗窃人、抢劫人或者抢夺人;连带。6. 应当减轻。

5. 盗窃、抢劫或者抢夺的机动车发生交通事故造成损害的，由_____承担赔偿责任。盗窃人、抢劫人或者抢夺人与机动车使用人不是同一人，发生交通事故造成损害，属于该机动车一方责任的，由盗窃人、抢劫人或者抢夺人与机动车使用人承担_____责任。

6. 非营运机动车发生交通事故造成无偿搭乘人损害，属于该机动车一方责任的，_____其赔偿责任，但是机动车使用人有故意或者重大过失的除外。

第六章　医疗损害责任

★★ 第一千二百一十八条　【医疗损害责任归责原则】 患者在诊疗活动中受到损害，医疗机构或者其医务人员有过错的，由医疗机构承担赔偿责任。

> **典型案例**
>
> **不规范用药导致新生儿患脑病　法院调解医院赔偿 19 万元**[1]
>
> 2014 年，张某入住甲医院准备待产。为促进宫颈成熟，甲医院先后两次运用米索前列醇以及普贝生。此后，张某规律性腹痛，经诊断为胎儿窘迫，立即行剖宫产术，胎儿剖宫产产出。经检查，张某之子患有"新生儿缺氧缺血性脑病"、新生儿重度窒息，后转入北京市某医院继续治疗，经该院出院诊断：新生儿缺氧缺血性脑病（中-重度）等。
>
> 同年，张某一家认为甲医院的行为已经构成了民事侵权，故起诉至法院，请求法院判令甲医院赔偿原告医疗费、护理费、交通费、后期治疗及护理费用、住院伙食补助费、精神损害赔偿金合计 26 万余元。对于张某之子身体损害原因

---

[1] 参见高楠：《不规范用药导致新生儿患脑病 法院调解医院赔偿 19 万》，载北京法院网 https://bjgy.bjcourt.gov.cn/article/detail/2016/04/id/1847927.shtml，最后访问时间：2024 年 9 月 26 日。

以及责任，甲医院有不同的说法。甲医院认为针对新生儿重度窒息等病症，当晚已将患儿转上一级医院。对于患儿诊治，没有违反医疗诊治原则。

案件审理过程中，经原告申请，法院委托某鉴定中心对于甲医院是否存在医疗过错等鉴定事项进行鉴定，该鉴定机构认为甲医院在两次运用促进宫颈成熟药物之前，均与患者签订知情同意书，但在运用药物的技术层面上，不符合《临床诊疗指南》要求，属于不规范用药，此外检查工作存在缺陷，医院的诊疗行为存在过错，与新生儿缺氧缺血性脑病等不良结果具有一定因果关系。据此，该鉴定机构作出鉴定意见：甲医院对于张某的诊疗过程中，存在医疗过错；该医疗过错与张某之子出现新生儿缺氧缺血性脑病的因果关系程度，介于同等到主要作用范围，如何具体把握请法院结合法律层面上的有关审理情况，最终确定医院的综合过错程度和民事赔偿责任。

院方最终也同意调解解决案件，在法院主持下，被告赔偿原告医疗费、护理费、交通费、残疾赔偿金、后期治疗及护理费用、住院伙食补助费、精神损害赔偿金等费用共计19万元。

☞ 相关法条

《医疗事故处理条例》第2条、第49条

★★ **第一千二百一十九条　【医疗机构说明义务与患者知情同意权】**医务人员在诊疗活动中应当向患者说明病情和医疗措施。需要实施手术、特殊检查、特殊治疗的，医务人员应当及时向患者具体说明医疗风险、替代医疗方案等情况，并取得其明确同意；不能或者不宜向患者说明的，应当向患者的近亲属说明，并取得其明确同意。

医务人员未尽到前款义务，造成患者损害的，医疗机构应当承担赔偿责任。

☞ **相关法条**

《医师法》第25条、第26条、第29条

★★ **第一千二百二十条　【紧急情况下实施的医疗措施】**因抢救生命垂危的患者等紧急情况，不能取得患者或者其近亲属意见的，经医疗机构负责人或者授权的负责人批准，可以立即实施相应的医疗措施。

注　释

本条规定的"不能取得患者或者其近亲属意见"，主要是指患者不能表达意志，也无近亲属陪伴，又联系不到近亲属的情况，不包括患者或者其近亲属明确表示拒绝采取医疗措施的情况。

☞ **相关法条**

《医师法》第 27 条

★ **第一千二百二十一条 【医务人员过错的医疗机构赔偿责任】**医务人员在诊疗活动中未尽到与当时的医疗水平相应的诊疗义务，造成患者损害的，医疗机构应当承担赔偿责任。

注释

医疗行为具有未知性、特异性和专业性等特点，不能仅凭事后被证明错误这一点来认定医务人员存在诊疗过错，不能唯结果论。关键要看是不是其他医务人员一般都不会犯这种错误。因此，本条规定的"诊疗义务"可以理解为一般情况下医务人员可以尽到的，通过谨慎的作为或者不作为避免患者受到损害的义务。

☞ **相关法条**

《医师法》第 23 条

第一千二百二十二条 【医疗机构过错推定的情形】患者在诊疗活动中受到损害，有下列情形之一的，推定医疗机构有过错：

（一）违反法律、行政法规、规章以及其他有关诊疗规范的规定；

（二）隐匿或者拒绝提供与纠纷有关的病历资料；

（三）遗失、伪造、篡改或者违法销毁病历资料。

★★ **第一千二百二十三条** 【因药品、消毒产品、医疗器械的缺陷或输入不合格的血液的侵权责任】因药品、消毒产品、医疗器械的缺陷，或者输入不合格的血液造成患者损害的，患者可以向药品上市许可持有人、生产者、血液提供机构请求赔偿，也可以向医疗机构请求赔偿。患者向医疗机构请求赔偿的，医疗机构赔偿后，有权向负有责任的药品上市许可持有人、生产者、血液提供机构追偿。

> 注释
>
> 药品、消毒产品、医疗器械、输入的血液都属于《民法典》规定的产品。因产品存在缺陷造成损害的，可以依照"产品责任"一章的规定，向药品上市许可持有人，药品、消毒产品、医疗器械的生产者，血液提供机构请求赔偿。

★★ **第一千二百二十四条** 【医疗机构免责事由】患者在诊疗活动中受到损害，有下列情形之一的，医疗机构不承担赔偿责任：

（一）患者或者其近亲属不配合医疗机构进行符合诊疗规范的诊疗；

（二）医务人员在抢救生命垂危的患者等紧急情

况下已经尽到合理诊疗义务；

（三）限于当时的医疗水平难以诊疗。

前款第一项情形中，医疗机构或者其医务人员也有过错的，应当承担相应的赔偿责任。

> **注 释**
>
> 实践中，患者一方不配合诊疗的行为可以分为两类：
>
> 第一类比较常见，是患者囿于其医疗知识水平而对医疗机构采取的诊疗措施难以有正确的理解，从而导致其不遵医嘱、错误用药等与诊疗措施不相配合的现象。对于因患者上述行为导致的损害后果的发生，并不能当然视为患者一方的"不配合"具有主观过错，从而医疗机构可以免除责任。判断患者一方是否存在过错的前提，是医务人员是否向患者一方履行了合理的说明告知义务。医务人员是否尽到了上述说明告知义务，是否使患者一方对于医疗机构采取的诊疗措施及其风险和后果具有合理的认识，这是判断患者一方客观上不配合诊疗的行为是否具有主观过错的关键。
>
> 第二类是患者一方主观上具有过错，该过错又可分为故意和过失。故意的情形一般比较少见，患者就医就是为了治疗疾病、康复身体，而非追求身体损害的结果。但现实情况是复杂的，也不能完全排除患者主观追求损害结果的可能。例如，医务人员再三嘱咐某糖尿病患者不可饮酒，轻则易引发低血糖昏迷，重则有生命危险。但该患者或者出于得到高

额保险的目的或者基于其他原因，在明知该行为后果的情况下，拒不遵行医嘱，数次饮酒，结果导致低血糖昏迷。

★★ **第一千二百二十五条** 【医疗机构对病历的义务及患者对病历的权利】医疗机构及其医务人员应当按照规定填写并妥善保管住院志、医嘱单、检验报告、手术及麻醉记录、病理资料、护理记录等病历资料。

患者要求查阅、复制前款规定的病历资料的，医疗机构应当及时提供。

注释

"病历资料"是一个集合概念，是一系列医学文书资料的总和。从分类上讲，病历包括门（急）诊病历和住院病历；从内容上讲，病历包括体温单、医嘱单、化验单（检验报告）、医学影像检查资料、手术及麻醉记录单、病理报告、护理记录等一系列医学文书资料。

★★ **第一千二百二十六条** 【患者隐私和个人信息保护】医疗机构及其医务人员应当对患者的隐私和个人信息保密。泄露患者的隐私和个人信息，或者未经患者同意公开其病历资料的，应当承担侵权责任。

> **注释**
>
> 所谓隐私，是自然人不愿向外人披露的私人生活信息。隐私是无形的，是精神性人身要素。隐私保护是法律赋予自然人享有私人生活安宁与私人生活信息不受他人侵犯、知悉、使用、披露和公开的权利。
>
> 实践中，医疗机构及其医务人员侵犯患者隐私权可大体分为如下情况：(1) 泄露患者隐私。(2) 侵害患者隐私。表现形式是未经患者同意公开其医学文书及有关资料。实践中，医疗机构及其医务人员未经患者同意公开其医学文书及有关资料的情况，也分为两种：一是出于医学会诊、医学教学或者传染性疾病防治的目的，公开患者的医学文书及有关资料；二是医疗机构本身对医学文书及有关资料的管理不善，向未取得患者授权的人公开，造成患者损害。对于第一种情况，在考虑患者隐私保护的同时，还要兼顾医学本身的特点以及医疗行业公益性的需要。在该种情况下，判断侵权责任是否成立的关键，就是看是否造成患者损害。对于第二种情况，则应当加强医疗机构对患者医学文书及有关资料的管理。

★ **第一千二百二十七条 【不必要检查禁止义务】** 医疗机构及其医务人员不得违反诊疗规范实施不必要的检查。

> 注释
>
> 根据本条规定，不必要的检查有两个判断标准：其一，违反诊疗规范而实施的检查。诊疗规范是医疗行业对于诊疗操作过程的经验总结而提升出的行为规范，代表了相关诊疗行为的基本操作要求，因此违反诊疗规范本身就说明医务人员违反了诊疗义务，此种情形下实施的检查就是不必要的检查。其二，虽然诊疗规范中并未明确说明，但根据一般的医务人员的判断，所实施的检查手段属于超出了疾病诊疗的基本需求，不符合疾病的规律与特点；或者不属于临床医学界公认的最可靠的诊断方法，或者检查费用的支出超出了诊疗疾病本身的需求，形成过度消费。

第一千二百二十八条　【医疗机构及医务人员合法权益的维护】 医疗机构及其医务人员的合法权益受法律保护。

干扰医疗秩序，妨碍医务人员工作、生活，侵害医务人员合法权益的，应当依法承担法律责任。

▶▶小测试◀◀①

1. 患者在诊疗活动中受到损害，医疗机构或者其医务人员有过

---

① 【答案】1. √。2. ×，解析：《民法典》第1219条第1款。3. A。4. ABC。5. ABC。6. 隐私；个人信息。

错的，由医疗机构承担赔偿责任。（　　）

2. 医务人员在诊疗活动中无须向患者说明病情和医疗措施。（　　）

3. 因抢救（　　）的患者等紧急情况，不能取得患者或者其近亲属意见的，经医疗机构负责人或者授权的负责人批准，可以立即实施相应的医疗措施。

   A. 生命垂危　　　　B. 病情严重
   C. 病情加重　　　　D. 患有慢性病

4. 患者在诊疗活动中受到损害，有下列哪些情形的，推定医疗机构有过错？（　　）

   A. 违反法律、行政法规、规章以及其他有关诊疗规范的规定
   B. 隐匿或者拒绝提供与纠纷有关的病历资料
   C. 遗失、伪造、篡改或者违法销毁病历资料
   D. 未治愈患者的

5. 患者在诊疗活动中受到损害，有下列哪些情形的，医疗机构不承担赔偿责任？（　　）

   A. 患者或者其近亲属不配合医疗机构进行符合诊疗规范的诊疗
   B. 医务人员在抢救生命垂危的患者等紧急情况下已经尽到合理诊疗义务
   C. 限于当时的医疗水平难以诊疗
   D. 患者患有无法治愈的疾病

6. 医疗机构及其医务人员应当对患者的_____和_____保密。泄露患者的上述信息，或者未经患者同意公开其病历资料的，应当承担侵权责任。

第七章　环境污染和生态破坏责任

★★ **第一千二百二十九条**　【环境污染和生态破坏侵权责任】因污染环境、破坏生态造成他人损害的，侵权人应当承担侵权责任。

> **注释**
>
> 侵权人因实施下列污染环境、破坏生态行为造成他人人身、财产损害，被侵权人请求侵权人承担生态环境侵权责任的，人民法院应予支持：（1）排放废气、废水、废渣、医疗废物、粉尘、恶臭气体、放射性物质等污染环境的；（2）排放噪声、振动、光辐射、电磁辐射等污染环境的；（3）不合理开发利用自然资源的；（4）违反国家规定，未经批准，擅自引进、释放、丢弃外来物种的；（5）其他污染环境、破坏生态的行为。
>
> 污染环境、破坏生态造成他人损害，行为人不论有无过错，都应当承担侵权责任。行为人以外的其他责任人对损害发生有过错的，应当承担侵权责任。

☞ **相关法条**

《生态环境侵权纠纷解释》第1条、第4条

第一千二百三十条 【环境污染、生态破坏侵权举证责任】因污染环境、破坏生态发生纠纷，行为人应当就法律规定的不承担责任或者减轻责任的情形及其行为与损害之间不存在因果关系承担举证责任。

第一千二百三十一条 【两个以上侵权人造成损害的责任分担】两个以上侵权人污染环境、破坏生态的，承担责任的大小，根据污染物的种类、浓度、排放量，破坏生态的方式、范围、程度，以及行为对损害后果所起的作用等因素确定。

> **注释**
>
> 两个以上侵权人分别污染环境、破坏生态，部分侵权人的行为足以造成全部损害，部分侵权人的行为只造成部分损害，被侵权人请求足以造成全部损害的侵权人对全部损害承担责任，并与其他侵权人就共同造成的损害部分承担连带责任的，人民法院应予支持。被侵权人依照前述规定请求足以造成全部损害的侵权人与其他侵权人承担责任的，受偿范围应以侵权行为造成的全部损害为限。
>
> 两个以上侵权人分别污染环境、破坏生态，部分侵权人能够证明其他侵权人的侵权行为已先行造成全部或者部分损害，并请求在相应范围内不承担责任或者减轻责任的，人民法院应予支持。

两个以上侵权人分别排放的物质相互作用产生污染物造成他人损害，被侵权人请求侵权人承担连带责任的，人民法院应予支持。

☞ 相关法条

《生态环境侵权纠纷解释》第7~9条

★★ 第一千二百三十二条 【侵权人的惩罚性赔偿】

侵权人违反法律规定故意污染环境、破坏生态造成严重后果的，被侵权人有权请求相应的惩罚性赔偿。

> **典型案例**
>
> **浮梁县人民检察院诉某化工集团**
> **有限公司环境污染民事公益诉讼案**[①]
>
> 2018年3月3日至同年7月31日，被告某化工集团有限公司（以下简称被告公司）生产部经理吴某民将公司生产的硫酸钠废液交由无危险废物处置资质的吴某良处理，吴某良又雇请李某贤将30车共计1124.1吨硫酸钠废液运输到浮梁县寿安镇八角井、浮梁县湘湖镇洞口村的山上倾倒，造成了

[①] 参见《人民法院贯彻实施民法典典型案例（第一批）》（2022年2月25日公布），载最高人民法院网 https://www.court.gov.cn/zixun/xiangqing/347181.html，最后访问时间：2024年9月26日。

浮梁县寿安镇八角井周边约8.08亩范围内的环境和浮梁县湘湖镇洞口村洞口组、江村组地表水、地下水受到污染，影响了浮梁县湘湖镇洞口村约6.6平方公里流域的环境，妨碍了当地1000余名居民的饮用水安全。经鉴定，两处受污染地块的生态环境修复总费用为人民币2168000元，环境功能性损失费用共计人民币57135.45元，并产生检测鉴定费95670元。受污染地浮梁县湘湖镇洞口村采取合理预防、处置措施产生的应急处置费用共计人民币528160.11元。其中，吴某良、吴某民、李某贤等因犯污染环境罪已被另案判处6年6个月至3年2个月不等的有期徒刑。公益诉讼起诉人起诉请求被告公司赔偿相关生态环境损害。

生效裁判认为，被告公司将生产废液交由无危险废物处置资质的个人处理，放任污染环境危害结果的发生，主观上存在故意，客观上违反了法律规定，损害了社会公共利益，造成严重后果。且至本案审理期间，涉案倾倒废液行为所致的环境污染并未得到修复，损害后果仍在持续，符合《民法典》第1232条规定的环境侵权惩罚性赔偿适用条件。综合该公司的过错程度、赔偿态度、损害后果、承担责任的经济能力、受到行政处罚等因素，判令其赔偿环境修复费用2168000元、环境功能性损失费用57135.45元、应急处置费用532860.11元、检测鉴定费95670元，并承担环境污染惩罚性赔偿171406.35元，以上共计3025071.91元；对违法倾倒硫酸钠废液污染环境的行为在国家级新闻媒体上向社会公众赔礼道歉。

本案是我国首例适用《民法典》惩罚性赔偿条款的环境污染民事公益诉讼案件。《民法典》侵权责任编新增规定了污染环境和破坏生态的惩罚性赔偿制度，贯彻了"绿水青山就是金山银山"的环保理念，增强了生态环境保护力度，是构建天蓝地绿水净的美好家园的法治保障。审理法院在判令被告承担生态环境修复费用、环境功能性损失等补偿性费用之外，采取"基数+倍数"的计算方式，结合具体案情决定以环境功能性损失费用为计算基数，综合考虑侵权人主观过错程度、侵权后果的严重程度、侵权人的经济能力、赔偿态度、受到行政处罚的情况等调节因素确定倍数，进而确定最终的惩罚性赔偿数额，为正确实施环境污染和生态破坏责任惩罚性赔偿制度提供了有益借鉴。

第一千二百三十三条 【因第三人过错污染环境、破坏生态的责任】因第三人的过错污染环境、破坏生态的，被侵权人可以向侵权人请求赔偿，也可以向第三人请求赔偿。侵权人赔偿后，有权向第三人追偿。

★ **第一千二百三十四条 【生态环境损害修复责任】**违反国家规定造成生态环境损害，生态环境能够修复的，国家规定的机关或者法律规定的组织有权请求侵权人在合理期限内承担修复责任。侵权人在期限内未修复的，国家规定的机关或者法律规定的组织可以自行或者委托他人进行修复，所需费用由侵权人负担。

> **典型案例**
>
> **上海市奉贤区生态环境局与张某新、**
> **童某勇、王某平生态环境损害赔偿诉讼案**[①]
>
> 2018年4月始，张某新、童某勇合伙进行电镀作业，将含镍废液直接排入厂房内渗坑。后王某平向张某新承租案涉场地部分厂房，亦进行电镀作业，含镍废液也直接排入渗坑。2018年12月左右，两家电镀作坊雇人在厂房内挖了一口渗井后，含镍废液均通过渗井排放。2019年4月，上海市奉贤区环境监测站检测发现渗井内镍浓度超标，严重污染环境。奉城镇人民政府遂委托他人对镍污染河水和案涉场地电镀废液进行应急处置，并开展环境损害的鉴定评估、生态环境修复、环境监理、修复后效果评估等工作。相关刑事判决以污染环境罪分别判处张某新、童某勇及案外人宋某军有期徒刑，王某平在逃。经奉贤区人民政府指定，奉贤区生态环

---

① 参见《人民法院贯彻实施民法典典型案例（第二批）》（2023年1月12日发布），载最高人民法院网 https://www.court.gov.cn/zixun/xiangqing/386521.html，最后访问时间：2024年9月26日。

境局启动本案的生态环境损害索赔工作。因与被告磋商无果，奉贤区生态环境局提起生态环境损害赔偿诉讼，请求判令三被告共同承担应急处置费、环境损害鉴定评估费、招标代理费、修复工程费、环境监理费、修复效果评估费等费用共计6712571元。上海市人民检察院第三分院支持起诉。

生效裁判认为，《民法典》第1234条规定，国家规定的机关可以自行或者委托他人进行修复，所需费用由侵权人负担。涉案侵权行为发生在《民法典》实施之前，根据《最高人民法院关于适用〈中华人民共和国民法典〉时间效力的若干规定》第3条规定的空白溯及原则，本案可以适用《民法典》第1234条。法院判决三被告共赔偿原告奉贤区生态环境局应急处置费、环境损害鉴定评估费、招标代理费、修复工程费、环境监理费、修复效果评估费等费用共计6712571元，其中张某新、童某勇连带赔偿上述金额的50%，王某平赔偿上述金额的50%。

习近平总书记多次强调，要像保护眼睛一样保护生态环境。本案系人民法院践行习近平生态文明思想，适用《民法典》相关规定判决由国家规定的机关委托修复生态环境，所需费用由侵权人负担的典型案例。本案依法认定生态修复刻不容缓而侵权人客观上无法履行修复义务的，行政机关有权委托他人进行修复，并可根据《民法典》第1234条直接主张费用赔偿，既有力推动了生态环境修复，也为《民法典》施行前发生的环境污染纠纷案件准确适用法律提供了参考借鉴。

★ **第一千二百三十五条** 【生态环境损害赔偿的范围】违反国家规定造成生态环境损害的，国家规定的机关或者法律规定的组织有权请求侵权人赔偿下列损失和费用：

（一）生态环境受到损害至修复完成期间服务功能丧失导致的损失；

（二）生态环境功能永久性损害造成的损失；

（三）生态环境损害调查、鉴定评估等费用；

（四）清除污染、修复生态环境费用；

（五）防止损害的发生和扩大所支出的合理费用。

注释

生态系统服务功能，是指生态系统通过自身的作用循环提供给人类的效益或者对生态环境的效益，生态系统服务功能包括生态物质提供功能、生态控制功能、生命维持功能与文化欣赏功能等。

永久性损害，是指受损生态环境及其服务难以恢复，其向公众或其他生态系统提供服务能力的完全丧失。

生态环境损害调查，是指生态环境损害发生后，权利人为了评估生态环境损害情况进行信息收集的过程。生态环境损害鉴定评估是指鉴定评估机构通过技术方法对生态环境损害情况、赔偿费用、修复行为、修复效果等进行分析评价的行为。

清除污染费用包括清污方案制订费用、清除污染操作费用。生态环境修复费用包括制订、实施修复方案的费用，修复期间的监测、监管费用，以及修复完成后的验收费用、修复效果后评估费用等。生态环境修复费用难以确定或者确定具体数额所需鉴定费用明显过高的，人民法院可以结合污染环境、破坏生态的范围和程度，生态环境的稀缺性，生态环境恢复的难易程度，防治污染设备的运行成本，被告因侵害行为所获得的利益以及过错程度等因素，并可以参考负有环境资源保护监督管理职责的部门的意见、专家意见等，予以合理确定。

生态环境损害发生后，必须及时采取合理预防、防止损害扩大的措施，将损害控制在最小范围内，也有利于后续治理与修复工作的开展。原告为停止侵害、排除妨碍、消除危险采取合理预防、处置措施而发生的费用，请求被告承担的，人民法院可以依法予以支持。

> **典型案例**
>
> ### 天津市西青区生态环境局诉王某某、张某某生态环境损害赔偿诉讼案①
>
> 2018年2月至3月,王某某、张某某利用厢式货车,将重金属严重超标的废酸水倾倒在西青区杨柳青镇金三角市场东南侧沟渠内,经环保部门监测,废酸水中镍含量超过国家污染物排放标准10倍以上,造成该沟渠严重污染,被污染土壤体积约2000立方米。案发后,天津市西青区人民法院以污染环境罪判处王某某、张某某有期徒刑并处罚金。经天津市环境保护技术开发中心鉴定评估,污染行为造成生态环境损害,量化后的损害数额为1787472.96元、事务性费用201111元。天津市西青区生态环境局(以下简称西青区生态环境局)与王某某、张某某就赔偿问题磋商未果,提起诉讼,要求二人连带赔偿上述费用。
>
> 天津市第一中级人民法院经审理认为,王某某、张某某将含严重超标重金属的废酸水倾倒在沟渠内,造成水体和土壤严重污染,应就污染行为造成的损失承担连带赔偿责任。关于赔偿数额,西青区生态环境局提交了评估机构出具的鉴

---

① 参见《天津高院发布环境资源典型案例》(2022年11月24日发布),载天津法院网 https://tjfy.tjcourt.gov.cn/article/detail/2022/11/id/7033615.shtml,最后访问时间:2024年9月26日。

定评估报告，且鉴定人出庭接受了当事人的质询，王某某、张某某亦未提出相反证据，故对该评估报告依法予以采信。判决王某某、张某某连带赔偿污染清除费用、损害恢复费用及事务性费用共计1988583.96元。

本案是因排放废水污染水体和土壤引起的生态环境损害赔偿案件。生态环境损害赔偿诉讼是有别于普通环境侵权诉讼及社会组织或者检察机关提起的环境民事公益诉讼的新类型诉讼。大气、水、土壤污染是人民群众感受最为直接、反映最为强烈的环境问题，打赢蓝天、碧水、净土保卫战是打好污染防治攻坚战的重要内容。人民法院正确适用法律，在另案已追究当事人刑事责任的同时，判决当事人承担环境修复民事责任，有效落实最严格、最严密生态环境保护法律制度，既遵循了"谁污染、谁治理"的原则，有效促进了生态环境的修复改善，又加大了对污染环境违法行为的惩处力度，增加了被告污染环境违法行为的成本，体现了环境司法对破坏生态环境行为的"零容忍"。案件审理过程中，人民法院从举证责任分配、鉴定人出庭程序等方面进行了积极探索，为完善生态环境损害赔偿案件的审理规则积累了有益经验。本案审结后，针对生态环境损害赔偿案件磋商和评估鉴定中的问题，人民法院还向生态环境部门发出司法建议，为进一步健全天津市生态环境损害赔偿机制，实现司法审判与环境执法的有机衔接，提供了实践支持。

☞ **相关法条**

《最高人民法院关于审理环境民事公益诉讼案件适用法律若干问题的解释》第 19 条第 2 款、第 20 条第 3 款、第 23 条

▶▶ 小测试 ◀◀ ①

1. 因污染环境、破坏生态造成他人损害的，侵权人有过错时，才应当承担侵权责任。（　　）

2. 因污染环境、破坏生态发生纠纷，行为人应当就法律规定的不承担责任或者减轻责任的情形及其行为与损害之间不存在因果关系承担举证责任。（　　）

3. 侵权人违反法律规定故意污染环境、破坏生态造成严重后果的，被侵权人有权请求相应的（　　）。

   A. 赔偿　　　　B. 补偿
   C. 追偿　　　　D. 惩罚性赔偿

4. 违反国家规定造成生态环境损害的，国家规定的机关或者法律规定的组织有权请求侵权人赔偿下列哪些损失和费用？（　　）

   A. 生态环境受到损害至修复完成期间服务功能丧失导致的损失
   B. 生态环境功能永久性损害造成的损失
   C. 生态环境损害调查、鉴定评估等费用

---

① 【答案】1. ×，解析：《民法典》第 1229 条。2. √。3. D。4. ABCD。5. 自行；委托。

D. 清除污染、修复生态环境费用

5. 违反国家规定造成生态环境损害，生态环境能够修复的，国家规定的机关或者法律规定的组织有权请求侵权人在合理期限内承担修复责任。侵权人在期限内未修复的，国家规定的机关或者法律规定的组织可以_____或者_____他人进行修复，所需费用由侵权人负担。

第八章　高度危险责任

★ **第一千二百三十六条　【高度危险责任一般规定】** 从事高度危险作业造成他人损害的，应当承担侵权责任。

> **注释**
>
> 本条所讲的"高度危险作业"，既包括使用民用核设施、高速轨道运输工具和从事高压、高空、地下采掘等高度危险活动，也包括占有、使用易燃、易爆、剧毒和放射性等高度危险物的行为。

第一千二百三十七条　【民用核设施致害责任】 民用核设施或者运入运出核设施的核材料发生核事故造成他人损害的，民用核设施的营运单位应当承担侵权责任；但是，能够证明损害是因战争、武装冲突、暴乱等情形或者受害人故意造成的，不承担责任。

第一千二百三十八条　【民用航空器致害责任】 民用航空器造成他人损害的，民用航空器的经营者应当承担侵权责任；但是，能够证明损害是因受害人故意造成的，不承担责任。

★ **第一千二百三十九条** 【高度危险物致害责任】占有或者使用易燃、易爆、剧毒、高放射性、强腐蚀性、高致病性等高度危险物造成他人损害的，占有人或者使用人应当承担侵权责任；但是，能够证明损害是因受害人故意或者不可抗力造成的，不承担责任。被侵权人对损害的发生有重大过失的，可以减轻占有人或者使用人的责任。

注释

本条所规定的免责事由中，就免除责任事由而言，仅限于受害人故意和不可抗力造成两类，并且由高度危险物的占有人或者使用人承担证明责任，证明损害是因这两类原因而造成的。就减轻责任事由而言，如果被侵权人对损害的发生有重大过失的，则可以减轻占有人或者使用人的责任，被侵权人仅具有一般过失或轻微过失则不得减轻占有人或者使用人的责任。

第一千二百四十条 【高度危险活动致害责任】从事高空、高压、地下挖掘活动或者使用高速轨道运输工具造成他人损害的，经营者应当承担侵权责任；但是，能够证明损害是因受害人故意或者不可抗力造成的，不承担责任。被侵权人对损害的发生有重大过失的，可以减轻经营者的责任。

第一千二百四十一条 【遗失、抛弃高度危险物致害的侵权责任】遗失、抛弃高度危险物造成他人损害的，由所有人承担侵权责任。所有人将高度危险物交由他人管理的，由管理人承担侵权责任；所有人有过错的，与管理人承担连带责任。

** **第一千二百四十二条** 【非法占有高度危险物致害的侵权责任】非法占有高度危险物造成他人损害的，由非法占有人承担侵权责任。所有人、管理人不能证明对防止非法占有尽到高度注意义务的，与非法占有人承担连带责任。

注释

非法占有，是指无权占有，是未经允许而擅自将高度危险物品进行占有的行为，如对高度危险物品进行盗窃、抢劫、抢夺、侵占等，都是非法占有的主要形式。非法占有高度危险物时，高度危险物处于非法占有人的控制之下，因此造成他人损害的，应当由非法占有人承担责任，此种侵权责任的归责原则同样是无过错责任原则。

由于易燃、易爆、剧毒、高放射性、强腐蚀性、高致病性等高度危险物在安全管理上，受到相应单行法规范的调整，往往施加了各类限制，要求所有人或者管理人对其占有的高度危险物尽到高度注意义务、采取严格的安全措施妥善进行保管。如果所有人或者管理人未尽到高度注意义务而导致高度危险物被非法占有，则表明所有人、管理人没有尽到应当尽到的高度注意义务，所以对损害的发生也负有责任，应当与非法占有人一起，承担连带责任。

第一千二百四十三条 【未经许可进入高度危险作业区域的致害责任】 未经许可进入高度危险活动区域或者高度危险物存放区域受到损害，管理人能够证明已经采取足够安全措施并尽到充分警示义务的，可以减轻或者不承担责任。

第一千二百四十四条 【高度危险责任赔偿限额】 承担高度危险责任，法律规定赔偿限额的，依照其规定，但是行为人有故意或者重大过失的除外。

▶▶小测试◀◀①

1. 从事高度危险作业造成他人损害的，应当承担侵权责任。（　　）
2. 遗失、抛弃高度危险物造成他人损害的，由所有人承担侵权责任。所有人将高度危险物交由他人管理的，由管理人承担侵权责任；所有人有过错的，与管理人承担连带责任。（　　）

---

① 【答案】1. √。2. √。3. C。4. AC。5. ABCD。6. 连带。7. 减轻；不承担。

3. 民用航空器造成他人损害的，民用航空器的经营者应当承担侵权责任；但是，能够证明损害是因受害人（   ）造成的，不承担责任。

   A. 一般过失　　　　B. 重大过失
   C. 故意　　　　　　D. 不小心

4. 占有或者使用易燃、易爆、剧毒、高放射性、强腐蚀性、高致病性等高度危险物造成他人损害的，占有人或者使用人应当承担侵权责任；但是，能够证明损害是因（   ）造成的，不承担责任。被侵权人对损害的发生有重大过失的，可以减轻占有人或者使用人的责任。

   A. 受害人故意　　　B. 受害人重大过失
   C. 不可抗力　　　　D. 紧急避险

5. 民用核设施或者运入运出核设施的核材料发生核事故造成他人损害的，民用核设施的营运单位应当承担侵权责任；但是，能够证明损害是因（   ）造成的，不承担责任。

   A. 战争　　　　　　B. 武装冲突
   C. 暴乱　　　　　　D. 受害人故意

6. 非法占有高度危险物造成他人损害的，由非法占有人承担侵权责任。所有人、管理人不能证明对防止非法占有尽到高度注意义务的，与非法占有人承担_____责任。

7. 未经许可进入高度危险活动区域或者高度危险物存放区域受到损害，管理人能够证明已经采取足够安全措施并尽到充分警示义务的，可以_____或者_____责任。

第九章　饲养动物损害责任

★★ **第一千二百四十五条　【饲养动物损害责任一般规定】**饲养的动物造成他人损害的，动物饲养人或者管理人应当承担侵权责任；但是，能够证明损害是因被侵权人故意或者重大过失造成的，可以不承担或者减轻责任。

> **注释**
>
> 在各类侵权行为中，饲养动物致人损害是一种特殊的形式，其特殊性在于它是一种间接侵权引发的一种直接责任，其加害行为是人的行为与动物的行为的复合。人的行为是指人对动物的所有、占有、饲养或者管理。动物的行为是直接的加害行为。这两种行为相结合，才能构成侵权行为。

第一千二百四十六条　【未对动物采取安全措施损害责任】违反管理规定，未对动物采取安全措施造成他人损害的，动物饲养人或者管理人应当承担侵权责任；但是，能够证明损害是因被侵权人故意造成的，可以减轻责任。

★★ **第一千二百四十七条 【禁止饲养的危险动物损害责任】**禁止饲养的烈性犬等危险动物造成他人损害的,动物饲养人或者管理人应当承担侵权责任。

☞ **相关法条**

《民法典侵权责任编解释(一)》第 23 条

★★ **第一千二百四十八条 【动物园饲养动物损害责任】**动物园的动物造成他人损害的,动物园应当承担侵权责任;但是,能够证明尽到管理职责的,不承担侵权责任。

> **注释**
>
> 本条适用过错推定责任,动物园负有高度注意义务,只有能够证明已经采取足够的安全措施,并尽到充分的警示义务,才能认定没有过错。如果动物园能够证明设施、设备没有瑕疵,且有明显的警示牌,管理人员对游客挑逗、殴打动物或者擅自翻越栏杆靠近动物等行为进行了劝阻,该尽的管理职责已经做到了,那么动物园就可以不承担侵权责任。

第一千二百四十九条 【遗弃、逃逸动物损害责任】遗弃、逃逸的动物在遗弃、逃逸期间造成他人损害的,由动物原饲养人或者管理人承担侵权责任。

第一千二百五十条 【因第三人过错致使动物致害责任】因第三人的过错致使动物造成他人损害的,

被侵权人可以向动物饲养人或者管理人请求赔偿，也可以向第三人请求赔偿。动物饲养人或者管理人赔偿后，有权向第三人追偿。

★ **第一千二百五十一条 【饲养动物应负的社会责任】** 饲养动物应当遵守法律法规，尊重社会公德，不得妨碍他人生活。

> **注释**
>
> 动物饲养人应当自觉规范自己的行为，按照规定饲养动物：(1) 动物饲养人或者管理人在携犬出户时，应当对犬束犬链，由成年人牵领，并应当避让老年人、残疾人、孕妇和儿童。(2) 动物饲养人或者管理人不得让动物干扰他人正常生活。犬吠影响他人休息时，养犬人应当采取有效措施予以制止。(3) 不得携宠物进入市场、商店、商业街区、饭店、公园、公共绿地、学校、医院、展览馆、影剧院、体育场馆、社区公共健身场所、游乐场、候车室等公共场所；不得携宠物乘坐除小型出租汽车以外的公共交通工具；携宠物乘坐小型出租汽车时，应征得驾驶员的同意，并做好防护安全措施。(4) 饲养宠物要定期注射预防疾病疫苗、狂犬病疫苗以及采取必要的医疗保健措施；不抛弃、不放弃饲养的宠物。(5) 携宠物出户时，对在户外排泄的粪便应当立即清除，等等。

▶▶▶小测试◀◀◀①

1. 饲养的动物造成他人损害的，动物饲养人或者管理人可以不承担或者减轻责任。（　　）

2. 违反管理规定，未对动物采取安全措施造成他人损害的，动物饲养人或者管理人应当承担侵权责任；但是，能够证明损害是因被侵权人故意造成的，可以减轻责任。（　　）

3. 禁止饲养的烈性犬等危险动物造成他人损害的，动物饲养人或者管理人应当承担侵权责任。（　　）

4. 动物园的动物造成他人损害的，动物园应当承担侵权责任；但是，能够证明（　　）的，不承担侵权责任。

    A. 尽到管理职责　　　B. 受害人故意

    C. 受害人重大过失　　D. 第三人加害

5. 遗弃、逃逸的动物在遗弃、逃逸期间造成他人损害的，由动物（　　）承担侵权责任。

    A. 原饲养人　　　　　B. 管理人

    C. 自己　　　　　　　D. 管理机构

6. 因第三人的过错致使动物造成他人损害的，被侵权人可以向动物饲养人或者管理人请求赔偿，也可以向第三人请求赔偿。动物饲养人或者管理人赔偿后，有权向第三人_____。

---

① 【答案】1. ×，解析：《民法典》第1245条。2. √。3. √。4. A。5. AB。6. 追偿。

第十章　建筑物和物件损害责任

★ **第一千二百五十二条**　【建筑物、构筑物或者其他设施倒塌、塌陷致害责任】建筑物、构筑物或者其他设施倒塌、塌陷造成他人损害的，由建设单位与施工单位承担连带责任，但是建设单位与施工单位能够证明不存在质量缺陷的除外。建设单位、施工单位赔偿后，有其他责任人的，有权向其他责任人追偿。

因所有人、管理人、使用人或者第三人的原因，建筑物、构筑物或者其他设施倒塌、塌陷造成他人损害的，由所有人、管理人、使用人或者第三人承担侵权责任。

> **注释**
>
> 不动产倒塌、塌陷损害责任分为两种类型：
>
> （1）不动产建设缺陷损害责任。具体规则是：①该损害责任适用过错推定原则，建筑物、构筑物或者其他设施倒塌、塌陷造成他人损害的，推定该建筑物、构筑物或者其他设施存在建设缺陷，由建设单位与施工单位对被侵权人的损害承担连带责任。②建设单位与施工单位能够证明自己的建筑物、构筑物或者其他设施不存在质量缺陷，建设单位与施工单位

就不承担赔偿责任。③建设单位与施工单位不能证明自己的建筑物、构筑物或者其他设施不存在建设缺陷，但是能够证明建设缺陷是由其他责任人所致，如勘察单位、设计单位、监理单位或者建筑材料供应单位造成的建设缺陷，则建设单位、施工单位在赔偿后，有权向其他责任人追偿。

（2）不动产管理缺陷损害责任。建筑物、构筑物或者其他设施的倒塌、塌陷，不是因建设缺陷所致，而是因所有人、管理人、使用人或者第三人存在管理缺陷所致，建筑物、构筑物或者其他设施倒塌、塌陷造成他人人身损害或者财产损害的，不是由建设单位与施工单位承担赔偿责任，而是由建筑物、构筑物或者其他设施的所有人、管理人、使用人或者第三人承担侵权责任。确定赔偿责任主体的方法是，证明是谁造成的管理缺陷致使建筑物等倒塌、塌陷，就向谁请求承担赔偿责任，而不适用不真正连带责任规则承担损失赔偿责任。

第一千二百五十三条　【建筑物、构筑物或者其他设施及其搁置物、悬挂物脱落、坠落致害责任】 建筑物、构筑物或者其他设施及其搁置物、悬挂物发生脱落、坠落造成他人损害，所有人、管理人或者使用人不能证明自己没有过错的，应当承担侵权责任。所有人、管理人或者使用人赔偿后，有其他责任人的，有权向其他责任人追偿。

★★ 第一千二百五十四条　【高空抛掷物、坠落物致害责任】禁止从建筑物中抛掷物品。从建筑物中抛掷物品或者从建筑物上坠落的物品造成他人损害的，由侵权人依法承担侵权责任；经调查难以确定具体侵权人的，除能够证明自己不是侵权人的外，由可能加害的建筑物使用人给予补偿。可能加害的建筑物使用人补偿后，有权向侵权人追偿。

物业服务企业等建筑物管理人应当采取必要的安全保障措施防止前款规定情形的发生；未采取必要的安全保障措施的，应当依法承担未履行安全保障义务的侵权责任。

发生本条第一款规定的情形的，公安等机关应当依法及时调查，查清责任人。

注　释

在高空抛掷物、坠落物致害的具体侵权人和违反安全保障义务的物业服务企业等建筑物管理人作为共同被告时，应如何界定和划分两个责任主体间的民事责任呢？《民法典侵权责任编解释（一）》第24条对此予以明确，即具体侵权人是第一责任主体，未采取必要安全保障措施的物业服务企业等建筑物管理人在人民法院就具体侵权人的财产依法强制执行后仍不能履行的范围内，承担与其过错相应的补充责任。

在高空抛掷物、坠落物致害的具体侵权人确实难以确定时，可能加害的建筑物使用人与违反安全保障义务的物业服务企业等建筑物管理人之间如何划分责任呢？《民法典侵权责任编解释（一）》第25条对此予以了明确：第一，诉讼中无须等待具体侵权人查明；第二，未采取必要安全保障措施的物业服务企业等建筑物管理人先于可能加害的建筑物使用人承担责任，承担责任的范围应与其过错程度相适应；第三，物业服务企业等建筑物管理人承担责任后，被侵权人仍有损害未得到填补的，被侵权人其余部分的损害，由可能加害的建筑物使用人给予适当补偿；第四，明确了物业服务企业、可能加害的建筑物使用人承担责任后有权向具体侵权人追偿；第五，明确"具体侵权人难以确定"的时间标准，即经公安等机关调查，在民事案件一审法庭辩论终结前仍难以确定具体侵权人的，人民法院可以依法审理相关案件并确定相关责任主体的民事责任。

> **典型案例**
>
> **惩治高空抛物行为：以裁判树规则，守护头顶上的安全感**[①]
>
> 2019年5月26日下午，年近七旬的庾某娴在自家小区

---

① 参见《惩治高空抛物行为：以裁判树规则，守护头顶上的安全感》，载中国法院网 https://www.chinacourt.org/article/detail/2022/03/id/6563739.shtml，最后访问时间：2024年9月26日。

花园内散步，经过黄某辉楼下时，黄某辉家小孩从自家35楼房屋阳台抛下一瓶矿泉水，水瓶掉落到庚某娴身旁，导致其惊吓、摔倒。报警后，庚某娴被送往医院治疗。

次日，庚某娴亲属与黄某辉一起查看监控，确认了上述事实，双方签订了确认书，黄某辉向庚某娴支付了1万元赔偿。

庚某娴住院治疗22天后才出院，其后又因此事反复入院治疗，累计超过60天，住院费用花费数万元。经中山大学法医鉴定中心鉴定，庚某娴伤情构成十级伤残。

黄某辉除已支付1万元外，拒绝支付剩余治疗费，庚某娴遂向广州市越秀区人民法院起诉，要求黄某辉赔偿医疗费、护理费、残疾赔偿金、交通费、鉴定费、住院伙食补助费、精神损害抚慰金等合计10万余元。

法院经审理认为，庚某娴散步时被从高空抛下的水瓶惊吓摔倒受伤，经监控录像显示，水瓶由黄某辉租住房屋阳台抛下，有视频及庚某娴、黄某辉签订的确认书证明。双方确认抛物者为无民事行为能力人，黄某辉是其监护人，庚某娴要求黄某辉承担赔偿责任，黄某辉亦同意赔偿。涉案高空抛物行为发生在《民法典》实施前，但为了更好地保护公民、法人和其他组织的权利和利益，根据《最高人民法院关于适用〈中华人民共和国民法典〉时间效力的若干规定》第19条的规定，《民法典》施行前，从建筑物中抛掷物品或者从建筑物上坠落的物品造成他人损害引起的民事纠纷案件，适用《民法典》第1254条的规定。2021年1月4日,法院判决黄某辉向庚某娴赔偿医疗费、护理费、交通费、住院伙食补助费、残疾赔偿金、鉴定费合计8.3万元;精神损害抚慰金1万元。

本案是一起典型的高空抛物致人损害的侵权案件。高空抛下的矿泉水瓶虽未直接砸中原告,但由于具有极强的危险性,导致原告受惊吓倒地受伤致残,该后果与高空抛物具有直接因果关系,应由侵权人承担赔偿责任。本案依法适用《民法典》判决被告承担赔偿责任,旨在通过公正裁判树立行为规则,旗帜鲜明地向高空抛物等不文明行为说"不",通过以案释法明理,倡导公众讲文明、讲公德,牢固树立文明、和谐的社会主义核心价值观。

相关法条

《民法典侵权责任编解释(一)》第24条、第25条

第一千二百五十五条 【堆放物致害责任】堆放物倒塌、滚落或者滑落造成他人损害,堆放人不能证明自己没有过错的,应当承担侵权责任。

注释

堆放物,是指堆放在土地上或者其他地方的物品。堆放物须是非固定在其他物体上,例如,建筑工地上堆放的砖块、木料场堆放的圆木等。

本条所说的倒塌,包括堆放物整体的倒塌和部分的脱落、

坠落、滑落、滚落等。例如，码头堆放的集装箱倒塌、建筑工地上堆放的建筑材料倒塌、伐木场堆放的圆木滚落等。

堆放人，是指将物体堆放在某处的人。堆放人可能是所有人，也可能是管理人。堆放人应当合理选择堆放地点、堆放高度，要堆放稳固并看管好堆放的物品，防止被他人随意挪动，防止他人特别是限制行为能力人和无行为能力人攀爬等。

★ **第一千二百五十六条 【在公共道路上妨碍通行物品的致害责任】** 在公共道路上堆放、倾倒、遗撒妨碍通行的物品造成他人损害的，<u>由行为人承担侵权责任</u>。公共道路管理人不能证明已经尽到清理、防护、警示等义务的，<u>应当承担相应的责任</u>。

注释

"公共道路"，是指公共通行的道路。公共道路既包括通行机动车的道路，也包括人行道路。另外，广场、停车场等可供公众通行的场地、建筑区划内属于业主共有但允许不特定的公众通行的道路都属于公共道路。

本条规定的"堆放、倾倒、遗撒妨碍通行的物品"，是指在公共道路上堆放、倾倒、遗撒物品，影响他人对该公共道路正常、合理地使用。公共道路的使用关系到公众的利益，在道路上堆放、倾倒、遗撒妨碍通行物，会对他人的安全造成不合理的危险。《公路法》第46条规定，任何单位和个人不得在公路上及公路用地范围内摆摊设点、堆放物品、倾倒垃圾、设置障碍、挖沟引水、利用公路边沟排放污物或者进行其他损坏、污染公路和影响公路畅通的活动。《道路交通安全法》第48条第1款规定，机动车载物的长、宽、高不得违反装载要求，不得遗洒、飘散载运物。在公共道路上堆放、倾倒、遗撒妨碍通行的物品，既可以是堆放、倾倒、遗撒固体物，如在公共道路上非法设置路障、晾晒粮食、倾倒垃圾等，也可以是倾倒液体、排放气体，如运油车将石油泄漏到公路上、非法向道路排水、热力井向道路散发出大量蒸汽。

☞ **相关法条**

《公路法》第2条、第46条

《道路交通安全法》第48条第1款、第119条

★ **第一千二百五十七条　【林木致害的责任】** 因林木折断、倾倒或者果实坠落等造成他人损害，林木的所有人或者管理人不能证明自己没有过错的，应当承担侵权责任。

> 注释
>
> 本条所说的林木，包括自然生长和人工种植的林木。本条规定并未限定林木生长的地域范围，林地中的林木、公共道路旁的林木以及院落周围零星生长的树木等折断造成他人损害，林木的所有人或者管理人不能证明自己没有过错的，均要承担侵权责任。

第一千二百五十八条　【公共场所或道路施工致害责任和窨井等地下设施致害责任】 在公共场所或者道路上挖掘、修缮安装地下设施等造成他人损害，施工人不能证明已经设置明显标志和采取安全措施的，应当承担侵权责任。

窨井等地下设施造成他人损害，管理人不能证明尽到管理职责的，应当承担侵权责任。

▶▶小测试◀◀①

1. 建筑物、构筑物或者其他设施倒塌、塌陷造成他人损害的，由建设单位与施工单位承担连带责任，但是建设单位与施工单位能够证明不存在质量缺陷的除外。（　　）
2. 因所有人、管理人、使用人或者第三人的原因，建筑物、构

---

① 【答案】1. √。2. ×，解析：《民法典》第1252条第2款。3. B。4. B。5. ABC。6. 折断；倾倒；果实坠落。

筑物或者其他设施倒塌、塌陷造成他人损害的，一律由所有人承担侵权责任。（ ）

3. 建筑物、构筑物或者其他设施及其搁置物、悬挂物发生脱落、坠落造成他人损害，所有人、管理人或者使用人（ ）的，应当承担侵权责任。

   A. 无法找出具体侵权人

   B. 不能证明自己没有过错

   C. 有能力赔偿

   D. 并非故意

4. 从建筑物中抛掷物品或者从建筑物上坠落的物品造成他人损害的，由侵权人依法承担侵权责任；经调查难以确定具体侵权人的，除能够证明自己不是侵权人的外，由可能加害的建筑物使用人给予（ ）。

   A. 赔偿　　　　　　B. 补偿

   C. 惩罚性赔偿　　　D. 追偿

5. 在公共道路上（ ）妨碍通行的物品造成他人损害的，由行为人承担侵权责任。公共道路管理人不能证明已经尽到清理、防护、警示等义务的，应当承担相应的责任。

   A. 堆放　　　　　　B. 倾倒

   C. 遗撒　　　　　　D. 放置

6. 因林木_____、_____或者_____等造成他人损害，林木的所有人或者管理人不能证明自己没有过错的，应当承担侵权责任。

附　　则

第一千二百五十九条　【法律术语含义】民法所称的"以上"、"以下"、"以内"、"届满"，包括本数；所称的"不满"、"超过"、"以外"，不包括本数。

第一千二百六十条　【施行日期】本法自2021年1月1日起施行。《中华人民共和国婚姻法》、《中华人民共和国继承法》、《中华人民共和国民法通则》、《中华人民共和国收养法》、《中华人民共和国担保法》、《中华人民共和国合同法》、《中华人民共和国物权法》、《中华人民共和国侵权责任法》、《中华人民共和国民法总则》同时废止。

附录一　相关规定

最高人民法院关于适用《中华人民共和国民法典》侵权责任编的解释（一）

（2023年12月18日最高人民法院审判委员会第1909次会议通过　2024年9月25日最高人民法院公告公布　自2024年9月27日起施行　法释〔2024〕12号）

为正确审理侵权责任纠纷案件，根据《中华人民共和国民法典》、《中华人民共和国民事诉讼法》等法律规定，结合审判实践，制定本解释。

第一条　非法使被监护人脱离监护，监护人请求赔偿为恢复监护状态而支出的合理费用等财产损失的，人民法院应予支持。

第二条　非法使被监护人脱离监护，导致父母子女关系或者其他近亲属关系受到严重损害的，应当认定为民法典第一千一百八十三条第一款规定的严重精神损害。

第三条　非法使被监护人脱离监护，被监护人在脱离监护期间死亡，作为近亲属的监护人既请求赔偿人身损害，又请求赔偿监护关系受侵害产生的损失的，人民法院依法予以支持。

★ **第四条** 无民事行为能力人、限制民事行为能力人造成他人损害，被侵权人请求监护人承担侵权责任，或者合并请求监护人和受托履行监护职责的人承担侵权责任的，人民法院应当将无民事行为能力人、限制民事行为能力人列为共同被告。

★ **第五条** 无民事行为能力人、限制民事行为能力人造成他人损害，被侵权人请求监护人承担侵权人应承担的全部责任的，人民法院应予支持，并在判决中明确，赔偿费用可以先从被监护人财产中支付，不足部分由监护人支付。

监护人抗辩主张承担补充责任，或者被侵权人、监护人主张人民法院判令有财产的无民事行为能力人、限制民事行为能力人承担赔偿责任的，人民法院不予支持。

从被监护人财产中支付赔偿费用的，应当保留被监护人所必需的生活费和完成义务教育所必需的费用。

★ **第六条** 行为人在侵权行为发生时不满十八周

岁，被诉时已满十八周岁的，被侵权人请求原监护人承担侵权人应承担的全部责任的，人民法院应予支持，并在判决中明确，赔偿费用可以先从被监护人财产中支付，不足部分由监护人支付。

前款规定情形，被侵权人仅起诉行为人的，人民法院应当向原告释明申请追加原监护人为共同被告。

第七条 未成年子女造成他人损害，被侵权人请求父母共同承担侵权责任的，人民法院依照民法典第二十七条第一款、第一千零六十八条以及第一千一百八十八条的规定予以支持。

第八条 夫妻离婚后，未成年子女造成他人损害，被侵权人请求离异夫妻共同承担侵权责任的，人民法院依照民法典第一千零六十八条、第一千零八十四条以及第一千一百八十八条的规定予以支持。一方以未与该子女共同生活为由主张不承担或者少承担责任的，人民法院不予支持。

离异夫妻之间的责任份额，可以由双方协议确定；协议不成的，人民法院可以根据双方履行监护职责的约定和实际履行情况等确定。实际承担责任超过自己责任份额的一方向另一方追偿的，人民法院应予支持。

第九条 未成年子女造成他人损害的，依照民法典第一千零七十二条第二款的规定，未与该子女形成抚养教育关系的继父或者继母不承担监护人的侵权责任，由该子女的生父母依照本解释第八条的规定承担侵权责任。

第十条 无民事行为能力人、限制民事行为能力人造成他人损害，被侵权人合并请求监护人和受托履行监护职责的人承担侵权责任的，依照民法典第一千一百八十九条的规定，监护人承担侵权人应承担的全部责任；受托人在过错范围内与监护人共同承担责任，但责任主体实际支付的赔偿费用总和不应超出被侵权人应受偿的损失数额。

监护人承担责任后向受托人追偿的，人民法院可以参照民法典第九百二十九条的规定处理。

仅有一般过失的无偿受托人承担责任后向监护人追偿的，人民法院应予支持。

第十一条 教唆、帮助无民事行为能力人、限制民事行为能力人实施侵权行为，教唆人、帮助人以其不知道且不应当知道行为人为无民事行为能力人、限制民事行为能力人为由，主张不承担侵权责任或者与行为人的监护人承担连带责任的，人民法院不予支持。

★ **第十二条** 教唆、帮助无民事行为能力人、限制民事行为能力人实施侵权行为，被侵权人合并请求教唆人、帮助人以及监护人承担侵权责任的，依照民法典第一千一百六十九条第二款的规定，教唆人、帮助人承担侵权人应承担的全部责任；监护人在未尽到监护职责的范围内与教唆人、帮助人共同承担责任，但责任主体实际支付的赔偿费用总和不应超出被侵权人应受偿的损失数额。

监护人先行支付赔偿费用后，就超过自己相应责任的部分向教唆人、帮助人追偿的，人民法院应予支持。

第十三条 教唆、帮助无民事行为能力人、限制民事行为能力人实施侵权行为，被侵权人合并请求教唆人、帮助人与监护人以及受托履行监护职责的人承担侵权责任的，依照本解释第十条、第十二条的规定认定民事责任。

★★ **第十四条** 无民事行为能力人或者限制民事行为能力人在幼儿园、学校或者其他教育机构学习、生活期间，受到教育机构以外的第三人人身损害，第三人、教育机构作为共同被告且依法应承担侵权责任的，人民法院应当在判决中明确，教育机构在人民法院就第三人的财产依法强制执行后仍不能履行的范围内，承担与其过错相应的补充责任。

被侵权人仅起诉教育机构的，人民法院应当向原告释明申请追加实施侵权行为的第三人为共同被告。

第三人不确定的，未尽到管理职责的教育机构先行承担与其过错相应的责任；教育机构承担责任后向已经确定的第三人追偿的，人民法院依照民法典第一千二百零一条的规定予以支持。

★ **第十五条** 与用人单位形成劳动关系的工作人员、执行用人单位工作任务的其他人员，因执行工作任务造成他人损害，被侵权人依照民法典第一千一百九十一条第一款的规定，请求用人单位承担侵权责任的，人民法院应予支持。

个体工商户的从业人员因执行工作任务造成他人损害的，适用民法典第一千一百九十一条第一款的规定认定民事责任。

第十六条 劳务派遣期间，被派遣的工作人员因执行工作任务造成他人损害，被侵权人合并请求劳务派遣单位与接受劳务派遣的用工单位承担侵权责任的，依照民法典第一千一百九十一条第二款的规定，接受劳务派遣的用工单位承担侵权人应承担的全部责任；劳务派遣单位在不当选派工作人员、未依法履行培训义务等过错范围内，与接受劳务派遣的用工单位共同承担责任，但责任主体实际支付的赔偿费用总和不应超出被侵权人应受偿的损失数额。

劳务派遣单位先行支付赔偿费用后，就超过自己相应责任的部分向接受劳务派遣的用工单位追偿的，人民法院应予支持，但双方另有约定的除外。

★**第十七条** 工作人员在执行工作任务中实施的违法行为造成他人损害，构成自然人犯罪的，工作人员承担刑事责任不影响用人单位依法承担民事责任。依照民法典第一千一百九十一条规定用人单位应当承担侵权责任的，在刑事案件中已完成的追缴、退赔可以在民事判决书中明确并扣减，也可以在执行程序中予以扣减。

第十八条 承揽人在完成工作过程中造成第三人损害的，人民法院依照民法典第一千一百六十五条的规定认定承揽人的民事责任。

被侵权人合并请求定作人和承揽人承担侵权责任的，依照民法典第一千一百六十五条、第一千一百九十二条的规定，造成损害的承揽人承担侵权人应承担的全部责任；定作人在定作、指示或者选任过错范围内与承揽人共同承担责任，但责任主体实际支付的赔偿费用总和不应超出被侵权人应受偿的损失数额。

定作人先行支付赔偿费用后，就超过自己相应责任的部分向承揽人追偿的，人民法院应予支持，但双方另有约定的除外。

第十九条 因产品存在缺陷造成买受人财产损害，买受人请求产品的生产者或者销售者赔偿缺陷产品本身损害以及其他财产损害的，人民法院依照民法典第一千二百零二条、第一千二百零三条的规定予以支持。

第二十条 以买卖或者其他方式转让拼装或者已经达到报废标准的机动车，发生交通事故造成损害，转让人、受让人以其不知道且不应当知道该机动车系拼装或者已经达到报废标准为由，主张不承担侵权责任的，人民法院不予支持。

第二十一条 未依法投保强制保险的机动车发生交通事故造成损害，投保义务人和交通事故责任人不是同一人，被侵权人合并请求投保义务人和交通事故责任人承担侵权责任的，交通事故责任人承担侵权人应承担的全部责任；投保义务人在机动车强制保险责任限额范围内与交通事故责任人共同承担责任，但责任主体实际支付的赔偿费用总和不应超出被侵权人应受偿的损失数额。

投保义务人先行支付赔偿费用后，就超出机动车强制保险责任限额范围部分向交通事故责任人追偿的，人民法院应予支持。

第二十二条 机动车驾驶人离开本车后，因未采取制动措施等自身过错受到本车碰撞、碾压造成损害，机动车驾驶人请求承保本车机动车强制保险的保险人在强制保险责任限额范围内，以及承保本车机动车商业第三者责任保险的保险人按照保险合同的约定赔偿的，人民法院不予支持，但可以依据机动车车上人员责任保险的有关约定支持相应的赔偿请求。

第二十三条 禁止饲养的烈性犬等危险动物造成他人损害，动物饲养人或者管理人主张不承担责任或者减轻责任的，人民法院不予支持。

第二十四条 物业服务企业等建筑物管理人未采取必要的安全保障措施防止从建筑物中抛掷物品或者从建筑物上坠落的物品造成他人损害，具体侵权人、物业服务企业等建筑物管理人作为共同被告的，人民法院应当依照民法典第一千一百九十八条第二款、第一千二百五十四条的规定，在判决中明确，未采取必要安全保障措施的物业服务企业等建筑物管理人在人民法院就具体侵权人的财产依法强制执行后仍不能履行的范围内，承担与其过错相应的补充责任。

第二十五条 物业服务企业等建筑物管理人未采取必要的安全保障措施防止从建筑物中抛掷物品或者从建筑物上坠落的物品造成他人损害，经公安等机关调查，在民事案件一审法庭辩论终结前仍难以确定具体侵权人的，未采取必要安全保障措施的物业服务企业等建筑物管理人承担与其过错相应的责任。被侵权人其余部分的损害，由可能加害的建筑物使用人给予适当补偿。

具体侵权人确定后，已经承担责任的物业服务企业等建筑物管理人、可能加害的建筑物使用人向具体侵权人追偿的，人民法院依照民法典第一千一百九十八条第二款、第一千二百五十四条第一款的规定予以支持。

第二十六条 本解释自2024年9月27日起施行。

本解释施行后，人民法院尚未审结的一审、二审案件适用本解释。本解释施行前已经终审，当事人申请再审或者按照审判监督程序决定再审的，适用当时的法律、司法解释规定。

附录二 实用图表

人身损害赔偿计算公式

医疗费

> 医疗费=医药费+住院费+治疗费+检查费+挂号费+其他费用

误工费

1. 受害人有固定收入的，计算公式为：

> 误工费=受害人工资（元/天）×误工时间（天）

2. 受害人无固定收入，但受害人能够举证证明其最近三年的平均收入状况的，计算公式为：

> 误工费=受害人最近三年平均收入（元/天）×误工时间（天）

3. 受害人无固定收入，且受害人不能够举证证明其最近三年的平均收入状况的，计算公式为：

> 误工费=受诉法院所在地相同或相近行业上一年度职工平均工资（天/元）×误工时间（天）

护理费

1. 护理人员有收入的：

$$护理费 = 误工费$$

2. 护理人员没有收入或者雇用护工的：

$$护理费 = 当地护工从事同等级别护理的劳务报酬标准（元/天）\times 护理期限（天）$$

交通费

$$交通费 = 往返费用 \times 往返次数 \times 往返人数$$

住院伙食补助费

$$住院伙食补助费 = 当地国家机关一般工作人员出差伙食补助标准（元/天）\times 住院天数$$

营养费

$$营养费 = 实际发生的必要营养费$$

残疾赔偿金

$$残疾赔偿金 = 受诉法院所在地上一年度城镇居民人均可支配收入 \times 伤残等级系数 \times 赔偿年限$$

残疾辅助器具费

> 残疾辅助器具费＝普通适用器具的合理费用

丧葬费

> 丧葬费＝受诉法院所在地上一年度职工月平均工资（元/月）×6个月

被扶养人生活费

1. 被扶养人没有其他扶养人的：

> 被扶养人生活费＝受诉法院所在地上一年度城镇居民人均消费支出×伤残系数×赔偿年限

2. 被扶养人还有其他扶养人的：

> 被扶养人生活费＝受害人依法应承担的扶养费用

3. 被扶养人有数人的：

> 年赔偿总额≤上一年度城镇居民人均消费支出额

死亡赔偿金

> 死亡赔偿金＝受诉法院所在地上一年度城镇居民人均可支配收入×20年（60周岁以上的，年龄每增加一岁减少一年；75周岁以上的，按5年计算）

精神损害赔偿

> 精神损害的赔偿数额根据以下因素确定：（1）侵权人的过错程度，但是法律另有规定的除外；（2）侵权行为的目的、方式、场合等具体情节；（3）侵权行为所造成的后果；（4）侵权人的获利情况；（5）侵权人承担责任的经济能力；（6）受理诉讼法院所在地的平均生活水平。

定价：25.00元

图书在版编目（CIP）数据

中华人民共和国民法典侵权责任编：含司法解释：大字学习版 / 中国法制出版社编. -- 北京：中国法制出版社，2024.10
（法律法规大字学习版）
ISBN 978-7-5216-4235-3

Ⅰ.①中… Ⅱ.①中… Ⅲ.①侵权法-法律解释-中国 Ⅳ.①D923.75

中国国家版本馆CIP数据核字（2024）第038964号

责任编辑：潘环环　　　　　　　　　　　　封面设计：李　宁

中华人民共和国民法典侵权责任编：含司法解释：大字学习版
ZHONGHUA RENMIN GONGHEGUO MINFADIAN QINQUAN ZERENBIAN：HAN SIFA JIESHI：DAZI XUEXIBAN

编者/中国法制出版社
经销/新华书店
印刷/三河市国英印务有限公司
开本/880毫米×1230毫米　32开　　　　　印张/ 4.5　字数/ 85千
版次/2024年10月第1版　　　　　　　　　2024年10月第1次印刷

中国法制出版社出版
书号 ISBN 978-7-5216-4235-3　　　　　　　定价：25.00元

北京市西城区西便门西里甲16号西便门办公区
邮政编码：100053　　　　　　　　　　　　传真：010-63141600
网址：http：//www.zgfzs.com　　　　　　编辑部电话：010-63141813
市场营销部电话：010-63141612　　　　　印务部电话：010-63141606

（如有印装质量问题，请与本社印务部联系。）